Helio Hertt Grande

Diálogos Fraternos

2023

CERTIFICADO DE REGISTRO DE DIREITO AUTORAL

A Câmara Brasileira do Livro certifica que a obra intelectual descrita abaixo, encontra-se registrada nos termos e normas legais da Lei nº 9.610/1998 dos Direitos Autorais do Brasil. Conforme determinação legal, a obra aqui registrada não pode ser plagiada, utilizada, reproduzida ou divulgada sem a autorização de seu(s) autor(es).

Responsável pela abertura:
HELIO HERTT GRANDE

Fornecedor(es):
HELIO HERTT GRANDE (Autor)

Título:
Diálogos Fraternos

Data do Registro:
15/07/2023 16:11:08

Hash de transação:
0x47441c3d13618d3f7a0572028f876b9adfdab696cbc72524bf94859d9a17433c

Hash do documento:
2fa62a9009a94c55ec7bdaabf98d151d99d7dc30473df0f8c49fecddb11d1c32

Compartilhe nas redes sociais:
f ✕ ✉ in

Dados Internacionais de Catalogação na Publicação (CIP)
(Câmara Brasileira do Livro, SP, Brasil)

Grande, Helio Hertt
    Diálogos fraternos / Helio Hertt Grande. --
Curitiba, PR : Ed. do Autor, 2023.

    ISBN 978-65-00-74929-8

    1. Diálogo - Aspectos religiosos
2. Espiritualidade 3. Fraternidade - Doutrina
bíblica I. Título.

23-164747   CDD-248.894

Índices para catálogo sistemático:

1. Fraternidade : Vida religiosa : Cristianismo
        248.894

Tábata Alves da Silva - Bibliotecária - CRB-8/9253

ÍNDICE

APRESENTAÇÃO

Os problemas que a vida nos apresenta, como é natural e compreensível, se repetem. Seja considerando os lugares, as pessoas ou a época em que ocorreram. Nunca exatamente os mesmos. Mudam os detalhes, as aparências, mas, no fundo, sempre com similaridades e com as mesmas raízes, em especial, as de natureza espiritual.

Em suas origens, invariavelmente se encontram as imperfeições morais decorrentes do natural processo evolutivo do ser ao imergir no mundo material. É quando nele se identifica por um largo período, deixando-se levar pelos instintos que, ao mesmo tempo, lhe possibilita ir progressivamente aperfeiçoando seus instrumentos de manifestação no ambiente em que está inserido, mas, também, de ir acertando ou errando em suas expectativas do que lhe seja ou não realmente benéfico.

É nesse processo que ocorre a formação e diferenciação das individualidades, até ao ponto da conquista das condições para a gradual e progressiva utilização da racionalidade.

Só a partir daí, mas ainda por muito tempo direcionado fortemente pelos instintos mais primitivos herdados da animalidade, é que começam, já então como ser humano, as suas primeiras cogitações filosóficas, ao perceber indícios de que nem tudo na vida é de natureza exclusivamente material.

E é o estágio em que agora ainda nos encontramos. Pelo menos, a maior parte da humanidade se deixando levar focando os problemas principalmente em seus aspectos materiais, sem entender e aceitar que suas raízes estão na ignorância quanto aos aspectos espirituais da vida.

É a razão pela qual, em nossos diálogos com os que nos procuram em busca de ajuda, o trabalho principal é despertar e motivar as pessoas para a busca do conhecimento sobre a espiritualidade que constitui a essência do ser humano e na qual se originam absolutamente todos os problemas da vida, bem como, todas as suas soluções.

Os relatos neles incluídos são fictícios, sem qualquer conexão com casos reais, mas, cada um sugerindo situações e orientações que podem voltar a ocorrer e ser úteis através da leitura, quando na impossibilidade ou dificuldade de contatos pessoais em busca de ajuda.

O personagem principal é o mesmo do livro "O Doutrinador", o velhinho visto como maluco quando parecia conversar animadamente com pessoas imaginárias sentadas ao seu lado nos bancos do Passeio Público.

No entanto, é apenas um médium espírita, um tanto rebelde e atuando muitas vezes sem respeitar as recomendações de seus companheiros para ser mais sensato e discreto em suas atividades.

E aqui ele aparece contando diretamente os seus causos. Cada um, revelando o que pode estar ocorrendo, do ponto de vista espiritual, nas situações que eventualmente talvez tenhamos que enfrentar.

É uma forma de explicar e divulgar os aspectos principais da espiritualidade humana, que muitas vezes ignoramos ao procurar soluções aos problemas que nos afligem.

E cada leitor, para entender e assimilar os conteúdos que necessita, precisa encontrar o escritor com o qual se harmonize de maneira que a leitura, além de produtiva, seja também agradável.

E é o que tento fazer. Sei que é difícil contentar a todos, mas tenho a esperança de que aqui encontrem esclarecimentos convincentes a alguns desses problemas que normalmente enfrentamos na vida.

Curitiba, julho de 2023.
Helio Hertt Grande

01 – REENCONTRO AMOROSO

Foi em uma tarde ensolarada de inverno, temperatura amena e agradável. Na sala em que eu estava à espera para fazer nossos atendimentos, encaminharam um senhor de meia idade, se aproximando dos sessenta anos, imaginei. Bem vestido, semblante um tanto carregado e triste, que me cumprimentou educadamente.

– Boa tarde! Senhor...

– Anselmo... Muito prazer, seja bem-vindo a nossa Casa... Fique à vontade e puxe uma cadeira. Vamos nos acomodar. Seu nome?

– Richard. Richard Canto Neto. Mas, mineiro e brasileiro. Meu pai é que tinha mania com nomes americanos... Foi assim com todos os meus sete irmãos!

– É a vida. Muitas famílias se formam adotando comportamentos similares ao de seu pai. Nada de mal nisso... Mas, já conhecia nossa Casa? Creio que é a primeira vez que o vejo...

– De fato, venho por sugestão de um amigo que já é frequentador há muito tempo. Moro bem perto, mas nunca sequer tinha notado a existência de um Centro Espírita nestas imediações.

– E o que fez nos procurar. Já conhece alguma coisa de espiritismo?

– Esse meu amigo tem me passado algumas ideias. Mas, nunca levei a sério suas insinuações. No entanto, ultimamente tenho passado por dificuldades inesperadas, que me parecem sem sentido lógico. Acabei me lembrando de algumas de suas falas e ando matutando se ele pode ou não ter razão. Resolvi pelo menos tentar entender o que está me acontecendo para ver se encontro um pouco mais de tranquilidade para ir tocando a vida em melhores condições.

— E o que realmente de desagradável está lhe acontecendo, se não se importa de me contar, em linhas gerais. É para que eu possa avaliar se e como podemos ajudá-lo.

— O que mais está me incomodando no momento é no aspecto sentimental. Sou divorciado há um bom tempo. Minha ex-esposa, com quem mantenho um relacionamento amigável, embora esporádico e distante, já se reorganizou e segue sua vida com relativa tranquilidade. Meu filho, formado em engenharia e casado, também não me preocupa. Mora no Rio de Janeiro, muito bem empregado, com uma vida familiar bastante sossegada e já me proporcionaram um casal de netos. Mas, de uns tempos para cá, eu me sentia muito solitário e acabei por acaso me aproximando de uma viúva, um pouco mais nova e comerciante como eu, com quem comecei a me relacionar e estava até inclinado a formalizar um segundo casamento, pois nos dávamos muito bem.

Richard fez uma pausa, como para concatenar melhor seu relato e sentir se estava mesmo sendo ouvido, e prosseguiu:

— No entanto, há uns dois meses atrás, fomos jantar em um restaurante e, durante uma conversação sobre sua filha, já moça, formada, voluntariosa e com uma vida bem independente, quase sem eu perceber entramos a discutir, mas de forma quase dialogal. Nada realmente conflituoso ou ofensivo que eu tenha percebido. Apenas pequenas discordâncias sobre atitudes de sua menina que ela própria estava relatando. E até agora fico a forçar a cabeça tentando lembrar o que falei de errado a ponto de levá-la a encerrar nosso namoro. E não foi naquele momento. Até pensei que havia sido apenas uma pequena discordância de opiniões e, quando a deixei em casa naquela noite, nos despedimos normalmente. Dois dias depois, quando telefonei para marcar um encontro, foi que ela me falou de sua decisão, alegando ter sentido que eu não a amava o suficiente para prosseguirmos. E, isso, sem maiores explicações...

– Desde então – continuou –, não consigo tirar essa mulher de minha cabeça e nem me conformar com sua inesperada atitude. E quase não consigo pensar em outra coisa. É como uma obsessão que, inclusive, parece ter se refletido em meus negócios, com ocorrências desagradáveis e desanimadoras. Nada a ponto de me arruinar financeiramente, mas, no mínimo preocupantes e para as quais sinto não estar dando a devida atenção. Nunca acreditei que possa ser possível, mas fico a pensar se não foi alguma "coisa feita" contra mim...

Pausando novamente seu relato, Richard, com um leve sorriso tristonho, deu sinais de expectativa em ouvir o que eu teria a dizer para reanimá-lo.

– Meu caro Richard, nossa conversa não poderá ser muito curta. Terá de ter um pouco de paciência comigo. Como afirmou que praticamente nada conhece do que a Doutrina Espírita nos ensina, terei de lhe fazer um resumo rápido, pelo menos nos aspectos mais importantes, de maneira a conseguir compreender como poderá ser ajudado. Presumo que deva ter sido educado no Catolicismo, correto?

– Sim, mas nunca fui realmente praticante. Apenas na infância e juventude, parcialmente. Depois de adulto

6

me afastei por completo.

    – Bem, no espiritismo, não é nada muito diferente. Nos aspectos fundamentais, há muita similaridade. Para começar, existência de Deus, infinitamente Bom, Sábio, Justo e Amoroso, e Pai de todos nós, tal como afirmado por Jesus; em consequência, estamos todos continuamente submetidos aos Seus Cuidados e Amor; nada na vida nos acontece exclusivamente "por acaso", tal como você afirmou, ao falar deste seu mais recente relacionamento. Tudo na vida, em especial, o que mais nos afeta, agradável ou não, tem sempre alguma razão no sentido de nos impulsionar para uma contínua evolução intelectual e moral; mesmo aquelas ocorrências mais terríveis e sofridas, algum dia acabaremos compreendendo nos terem sido benéficas. Isso porque somos todos espíritos vestindo temporariamente um corpo físico, um corpo de carne, com o qual, em geral, nos identificamos por completo, sem conseguirmos nos dar conta de nossa verdadeira essência espiritual; dessa forma, não é a primeira, nem a única vez que estamos aqui neste mundo material, e nem será a última. Com a morte física, volvemos de retorno ao mundo espiritual, para mais tarde voltarmos à escola da vida terrena, quantas vezes forem necessárias para o progressivo aperfeiçoamento do espírito que somos. É a ideia das reencarnações sucessivas, presente em muitas religiões, mas não aceita pelas cristãs mais tradicionais. E, dentro dessa concepção, entendemos que estamos continuamente enfrentando em nossa vida atual a necessidade da vivência de experiências que fizemos por merecer, em razão do que andamos semeando com nossas atitudes em passados próximos ou distantes. E, da mesma forma, em nossas futuras reencarnações podemos esperar exatamente a consequência do que estivermos agora semeando, com os nossos pensamentos, palavras e obras.

– Já ouvi falar nessa questão da reencarnação, mas sem nunca cogitar quanto ao que realmente podemos dela deduzir, se é que realmente ocorre. Além do mais não há provas de que seja uma realidade...

– Para começar, a reencarnação é uma ideia muito mais coerente com o que praticamente todas as religiões afirmam de Deus. Não há lógica em que Ele nos tenha criado, simples e ignorantes, para nos condenar, em razão de nossos pecados ou desacertos, à eternidade dos infernos. Ou de ter criado espíritos infernais eternamente condenados à prática do mal. Pela reencarnação, pelo contrário, sempre teremos inumeráveis oportunidades de corrigir os erros e resgatar as dívidas resultantes de nossa ignorância em relação às leis da vida.

– Quanto à inexistência de provas – continuei –, posso lhe afirmar que, embora seja o que insistem teimosamente os meios científicos materialistas, existem inumeráveis indícios obtidos de fontes diversas, mais do que suficientes para nos convencer que a reencarnação é uma realidade, independentemente de nossa crença ou vontade. Basta nos debruçarmos, sem preconceitos e sem presunção de superioridade intelectual, em uma honesta análise dos inumeráveis fenômenos e fatos que orientam para a sua existência.

Para quem tem algum interesse ou curiosidade sobre as questões relacionadas com a nossa espiritualidade, pode parecer estranha a afirmação de total desconhecimento sobre a reencarnação. De fato, pelas manifestações culturais da atualidade, em livros, revistas, filmes, novelas, são inumeráveis as ocorrências envolvendo a exploração do tema e é difícil imaginar que possa haver quem jamais tenha ouvido falar nesse assunto. No entanto, é muito comum pessoas fixadas em alguma ordem de interesses, com a exclusão de todos os outros. Simplesmente, ignoram por completo, não dão qualquer importância, porque todas as atenções estão direcionadas para outros assuntos. Já tinha convicção sobre isso quando observava as bibliotecas de amigos ou pessoas com quem me relacionava. E fiquei ainda mais convencido quando em certa ocasião conversei com o proprietário de um sebo que me afirmava ter adquirido a capacidade de deduzir com precisão a personalidade, religião e interesses de seus fornecedores simplesmente analisando as obras que lhe traziam para venda. E listava casos de fixações em determinados temas, como por exemplo: coleções técnicas de engenharia, direito, medicina, evangélicas, católicas, espíritas, esoterismo, magia, romances, política, história, guerras e assim por diante. Logo, eu sabia muito bem que poderia encontrar quem jamais tivesse mesmo cogitado sobre a reencarnação e suas consequências na forma como encaramos e conduzimos nossas vidas e prossegui:

– Richard! Sei que é impraticável em uma conversa como essa lhe apresentar uma argumentação capaz de convencê-lo da ocorrência da reencarnação. Se realmente tiver interesse, posso lhe indicar uma extensa bibliografia para isso. Além do mais, nada substitui nosso próprio raciocínio. O que posso lhe garantir, é que, se se empenhar em compreender e aprender, vai se convencer por si mesmo. Ao assimilarmos as ideias implícitas na reencarnação, vamos entender melhor nossa imortalidade e a justiça divina, e por extensão, os problemas que enfrentamos na vida. A partir do entendimento do que seja de fato a reencarnação, que vem, inclusive, sendo estudada com seriedade por muitos respeitados pesquisadores, pelo menos duas outras ideias se tornam evidentes: primeiro, que de fato somos espíritos vestindo temporariamente um corpo perecível e, não, um corpo que possui um espírito. Logo, a morte não existe; como espíritos, encerrado o ciclo da vida material, retornamos à origem, para mais tarde, quando for oportuno e necessário, retornarmos para novas experiências na vida terrena. Em consequência, na dimensão espiritual, que coexiste com a material ao alcance dos nossos sentidos normais, existem inumeráveis espíritos que podem de nós se aproximarem e nos influenciar, de forma benéfica ou não, dependendo de nossa personalidade e comportamento, atraídos pelos mais diversos motivos.

– Realmente, não é fácil assimilar tudo o que está me dizendo de maneira a me orientar para alguma solução na situação que estou enfrentando – comentou Richard com sinais de desânimo.

– Veja... Isso que estou lhe passando é apenas para entender, ainda que apenas superficialmente, os fatores que podem estar presentes no seu problema. Quando falo em reencarnação, é porque, tanto consigo mesmo, como com a senhora com quem estava tentando se relacionar, podem estar presentes conteúdos psicológicos de passados distantes provocando atrações ou dificuldades em sua concretização. São lembranças de experiências que não deram certo por algum motivo, deixando marcas de decepção, medo ou aversão. Quando falo em influencias espirituais negativas, estou me referindo à possibilidade da presença de desafetos desencarnados, do presente ou do passado, tentando, por ignorância, prejudicá-los. Então, para sermos mais objetivos, o que nossa Casa Espírita pode oferecer de ajuda nessas circunstâncias é um Tratamento Espiritual realizado aqui no Centro nas noites das terças-feiras. Consiste basicamente em uma preparação durante o dia de cada tratamento, assistência de palestras seguidas de passes e uso de água fluidificada pelas equipes espirituais que assistem e apoiam o grupo de médiuns encarregado da execução desses trabalhos. A finalidade é de transmitir-lhe vibrações e energias capazes de revigorá-lo e inspirá-lo em suas atitudes e decisões. E, se for o caso de estarem presentes companhias espirituais negativas, procurarão convencê-las a se afastarem. Vamos tentar? É realizado nas terças-feiras à noite, com início às 20 horas...

– Tudo bem! Qualquer coisa que me dê um pouco mais de tranquilidade é sempre benvinda. Alguma despesa?

– Absolutamente nenhuma. Vou lhe entregar um folheto de orientação e se ficar ainda com alguma dúvida é só me perguntar.

Depois de preencher as datas e lhe entregar a orientação para o tratamento, acrescentei:

– Olha Richard! Um aspecto importante nesse desacerto com a senhora, como é mesmo o nome dela?

– Vitória...

– Procure não desenvolver ou alimentar em relação a ela, qualquer pensamento negativo de raiva, ciúme, desforra e assim por diante. Pelo contrário, se a ama mesmo, ore por seu bem estar e saúde, física e mental. Já pensou na possibilidade de que esta interrupção no relacionamento de vocês, aparentemente sem motivos, tenha sido realmente em razão de problemas graves que ela esteja enfrentando, talvez de saúde, inclusive, e não tenha querido fazê-lo passar por mais uma situação difícil? Pense nisso e não a force em nada. Deixe que ela mesma lhe conte, quando sentir chegado o momento. No relacionamento de casais, uma coisa que nem sempre damos a devida importância são os pensamentos e as emoções que cultivamos mutuamente. Não adianta esconder coisa alguma. É preciso entender que, por nossos pensamentos, estamos continuamente conectados, mesmo sem termos consciência disso. Dessa forma, um e outro, tem de sempre se colocar como se estivesse no lado oposto, vivenciando os problemas ou dificuldades características de cada momento. Completamente diferentes na juventude, maturidade, velhice; na saúde ou na doença; na alegria ou na tristeza, tal como costuma ser lembrado nas cerimônias de casamentos... Em qualquer situação, tolerância, compreensão, perdão, gratidão, respeito e, sobretudo, amor... Amor incondicional, que não diminui com o envelhecer, que se acalma, amadurece e se aperfeiçoa com o passar dos anos.

— Sabe seu Anselmo, realmente não tinha sequer imaginado na possibilidade de que Vitória possa estar passando por algum problema de saúde...

— E acho que já falei demais. Faça o tratamento, sempre orando também por ela, e depois conversamos. Se tiver disposição para frequentar algum de nossos grupos de estudo, também será muito bom. Tenho certeza que vai gostar. E, mesmo depois do tratamento, passe a frequentar o Centro para as palestras, passes, grupos de estudo... Aos poucos irá assimilando os ensinamentos da Doutrina Espírita que nos ajudam bastante a administrar com mais tranquilidade os problemas que a vida nos oferece.

— Agora já aprendi o caminho. Voltarei sim e muito obrigado pela atenção e paciência em me escutar!

E lá se foi o senhor Richard, ainda com olhar tristonho, mas com sinais de maior disposição e esperança.

****

O tempo passou. Depois das semanas de tratamento, deixamos de notar sua presença.

Mas, quase ao final do ano, em um dos dias das palestras à noite, conversando com frequentadores na entrada, vejo ir chegando o senhor Richard, acompanhado de uma senhora, tranquila, irradiando simplicidade, elegância e simpatia, mas de turbante.

– Boa noite, senhora, senhor Richard! Sejam benvindos!

– Boa noite! Vitória, este e o senhor Anselmo que me colocou nos trilhos para nos acertarmos...

– Muito prazer, senhor Anselmo. O Richard realmente me falou da conversa que tiveram e mudou bastante de uns tempos para cá. Passou a ser mais compreensivo e tolerante com as minhas manias e devagarinho estamos nos harmonizando cada vez mais.

– Se for possível, gostaria de conversar consigo – atalhou Richard.

– Tudo bem. A palestra ainda vai demorar um pouco. Temos algum tempo. Vamos lá para a salinha dos fundos...

– Sinto que esta conversa terá de ser entre vocês dois – explicou Vitória, pegando um exemplar do Jornal Mundo Espírita. – Espero no salão de palestras, não se preocupem. Vou ficar lendo um pouco...

– Mas, não tem problema de ficar conosco, expliquei.

– Sei que ele vai ficar mais à vontade para se abrir

consigo. Anda matutando demais ultimamente...

E lá fomos nós para a mesma saleta em que ele havia estado meses atrás. Sentou-se e como se tivesse pressa para desabafar, já começou a contar sua história.

– Pois é seu Anselmo. O senhor acertou em tudo... Segui o seu conselho, procurando dar um tempo sem procurá-la e fazendo o tratamento espiritual visualizando-a também recebendo o auxílio que necessitava. Depois do tratamento da segunda semana, não me aguentei e liguei para saber se estava bem. Ela demorou a responder:

– Não, Richard. Não estou bem e você acertou. Realmente preciso de ajuda, estou com muito medo e, pelo menos, tenho de compartilhar minhas ansiedades.

– Fui em seguida e então ela me contou o problema de saúde que estava enfrentando. Na ocasião em que havia me descartado sem maiores explicações, tinha certeza que seus dias estariam contados. Na verdade, ela me via como uma criança, sem estrutura psicológica para ajudá-la, pois, pelo menos por algum tempo, se é que conseguisse se curar, seria apenas um problema a exigir muita paciência e trabalho. De sua filha, não podia esperar muita ajuda em razão de suas obrigações profissionais. Fazia-se de forte e em condições de se resolver sem precisar de ajuda. Seu tratamento estava bem equacionado, mas, teria de fazer tudo sozinha, ou contratar alguém desconhecido, de quem, em princípio, não poderia esperar qualquer laço de afetividade. E, desde então, venho acompanhando-a em tudo, consultas, exames, sessões de quimio e de radioterapia... Perdeu peso, perdeu os cabelos, mas agora já se recuperou um pouco e está bem mais esperançosa. De fato, de namorado, transformei-me em acompanhante e enfermeiro. E, interessante, sinto-me feliz por isso...

Parou um pouco, deu-me um olhar enigmático como que procurando sondar-me e continuou:

– Mas sabe, seu Anselmo, acho que tive alguma ajuda com meus sonhos... Não consegui me lembrar bem de nenhum deles, mas, a cada dia em que pensava em Vitória e sua luta para prolongar um pouco mais a vida, vinha-me a ideia de que já havíamos tido um relacionamento anterior e que eu a havia abandonado à própria sorte quando mais precisava de meu apoio. No entanto, tinha a sensação que, mesmo com aquela vergonhosa deserção, ela não havia deixado de me amar. Mas, fico na dúvida... Foram lembranças que me vieram depois que andei lendo os livros que me indicou sobre reencarnação. Será que isso pode ser verdade?

– Lendo sobre reencarnação, respondi, você deve ter assimilado alguns dos aspectos que estão naturalmente implícitos nessa concepção: de que não há efeito sem causa, de que nada é por acaso e assim por diante. Pela Doutrina Espírita, inclusive, não estimulamos a busca pelo conhecimento de nossas vidas passadas. Realmente, não há necessidade. Basta analisarmos a nossa vida presente que já podemos deduzir grande parte do que andamos semeando lá para trás... Há uma certa lógica entre a situação que está vivendo no presente e o que você está imaginando, ou deduzindo, ter feito anteriormente: no passado, usufruiu-a na juventude, enquanto bela e saudável; abandono-a nos momentos de infortúnio; agora a tem de volta, não por acaso, para vivenciar a etapa que se seguiria naquela ocasião, quando, se realmente existente de sua parte, o amor se revelaria no apoio incondicional, no cuidado e carinho que pudesses lhe dedicar minorando suas aflições, em tonalidades diferentes e grandiosas.

Mas, foi assim e não fique se remoendo por isso. O importante é o amor que possam construir enquanto agora estiverem juntos e se apoiando neste nosso mundo. Todos nós andamos dando nossas cabeçadas no passado e Deus Pai está sempre nos proporcionando oportunidades para irmos nos acertando no caminho. Sejamos gratos a Ele e não falhemos de novo. É o que realmente importa. Mas, vamos lá para a palestra que já deve estar começando...

Mais tarde o casal Vitória e Richard se revelou exemplar. Ela se recuperou por completo e ambos passaram a frequentar ativamente o Centro, participando inicialmente nos Grupos de Estudo e mais tarde ingressando em um dos Grupos de Passe.

Envelheceram juntos, ajustando-se em suas diferenças e com ele bem cumprindo finalmente alguma má etapa de convivência com Vitória que, provavelmente, havia sido deixada para trás...

02 – REVOLTA DE GÊNERO

Um dos atendimentos mais complicados que tive de fazer. Era mais uma noite de palestras no Centro, com seus frequentadores habituais chegando e se cumprimentando amigavelmente na entrada. Foi quando notei um rapaz na faixa dos vinte e poucos anos, do tipo que as garotas costumam idealizar. Alto, corpo bem proporcionado, semblante agradável e se trajando com elegância. Com o tempo, a gente aprende a perceber de imediato os que chegam pela primeira vez na Casa. Não demonstrava conhecer qualquer das pessoas que estavam por perto e se chegou com certa timidez, tentando disfarçar folheando os livros expostos no hall de entrada. Uma de nossas atendentes também percebeu que seria alguém que visitava o Centro pela primeira e foi até ele para fazer o trabalho de recepção e acolhimento.

Pouco depois lá veio Jandira, a atendente, seguida pelo jovem:

— Seu Anselmo, vejo que o senhor ainda está livre. Pode conversar com o Ângelo? É a primeira vez que ele vem à nossa Casa.

— Tranquilo, Ângelo. Muito prazer e seja bem-vindo. Vamos procurar uma sala para conversarmos.

Minha sala preferida ainda estava livre. Nos fundos, relativamente afastada das áreas de maior movimento, pequena, com uma mesa ao centro, ao redor da qual poderiam se acomodar bem umas seis pessoas no máximo. Convidei-o a se sentar e fiz o mesmo.

– E então Ângelo. Tudo bem? Tenho a impressão que você nunca havia entrado em um Centro Espírita. Acertei?

Até então ele tinha se mantido com o semblante como se estivesse em guarda contra qualquer imprevisto que pudesse embaraçá-lo, mas, com um leve sorriso como a demonstrar que já estava mais à vontade e seguro, respondeu:

– De fato, seu Anselmo, como sou do interior, sai de casa muito cedo para poder estudar e nunca fui de frequentar qualquer coisa de caráter religioso e, um Centro Espírita, então..., muito menos.

– Mas, já deu para sentir que não há nada de extraordinário na Casa, não é mesmo?

– Pois até me surpreendi com a animação do pessoal conversando na entrada. Parecia até uma grande reunião familiar...

– De uma certa forma, somos uma grande e bendita família. O pessoal realmente gosta de frequentar nossas reuniões e vamos estreitando os laços de amizade cada vez mais. Mas, vamos ao mais importante no momento. Presumo, como é lógico, que você também nada conhece de espiritismo. Então antes de encher sua cabeça de ideias, preciso que me diga o motivo pelo qual hoje veio até aqui.

– Não sei bem por onde começar, seu Anselmo. Ando com muita minhoca na cabeça, como costumam dizer, e já não consigo concatenar com mais nada. Conversando com uma amiga, tempos atrás, ela me sugeriu que viesse até aqui e pedisse um Atendimento Fraterno. Nem imagino porque ela me sugeriu isso, porque não me abri tanto com ela a ponto de que pudesse perceber minhas dúvidas, depressão e ansiedade. Inclusive, tenho chegado até aqui perto várias vezes e retornado para casa sem coragem de entrar. Hoje, acho que vim meio empurrado...

– Mas, o que está lhe incomodando tanto? Você não me parece alguém com dificuldades com as garotas. Ainda há pouco, lá na entrada, percebi alguns olhares femininos o observando com interesse – atalhei brincando um pouco para deixá-lo mais à vontade.

– Não é isso... Ou, melhor, é exatamente sobre isso. Elas quase me atacam, ocasionalmente...

Parou um pouco, de cabeça baixa, sem me olhar de frente, como que procurando como reiniciar seu relato.

– Sabe, seu Anselmo, sou do interior, de uma família numerosa e tradicional. O mais novo de meus irmãos e o único que veio fazer a vida em um centro maior. Vim para estudar e acabei ficando. Aqui o ambiente é outro, muito mais liberal e, vamos dizer, até permissivo demais. Coisas que aqui já são tão corriqueiras que ninguém mais presta atenção, ou dá importância, por lá seria um escândalo, uma tragédia inominável, uma vergonha para todos os meus...

Eu já percebia qual era o problema, mas deixei que continuasse.

– De fato, as garotas até me assediam, mas o problema é comigo. Sinto quase um bloqueio, uma total falta de interesse. Convivo, convivo bem, tenho amigas que quero muito bem, mas nada vai além disso. E ultimamente, percebo em mim interesse em sentido contrário, com os rapazes, mas também com sentimentos muito conflituosos, porque sei que com este corpo, nenhum relacionamento jamais será como idealizo... Relacionar-me com alguém, como um homossexual não me satisfaria em absoluto. Pelo contrário, seria vergonhoso demais. Teria de ser um corpo realmente feminino e ando quase obcecado pesquisando sobre mudança de sexo...

Parou mais vez, me olhando tristonho de frente e prosseguiu:

– Em resumo, é sobre isso que vim conversar. Sinto essa compulsão e ao mesmo tempo uma tremenda vergonha e medo de me enveredar por este caminho, devido ao sofrimento que, com toda a certeza, vou provocar em meus familiares. Além do mais, também não sei se desta forma, conseguirei me realizar e encontrar paz na vida. De fato, sinto que há algo mais nessa situação em que me debato e preciso realmente de ajuda. Já andei conversando com médicos que se dizem especialistas nessa área e, por recomendação, destes, com psicólogos que me aconselharam uma boa preparação antes de qualquer decisão, mas continuo em confusão. Ainda falta alguma coisa em tudo isso para que eu me resolva em definitivo.

Ainda tristonho, mas com certa determinação, concluiu:

– Pronto, seu Anselmo, acho que consegui resumir o meu problema e o que estou precisando ouvir. Sabe? Foi como um desabafo. Estou até aliviado...

– Veja, Ângelo, nossa conversa não poderá ser muito rápida. Talvez consiga lhe repassar resumida e rapidamente os aspectos mais importantes que você precisa considerar em sua decisão, mas, o melhor mesmo seria dar um tempo e passar uma temporada estudando conosco. Aos poucos iria compreendendo e assimilando com mais tranquilidade os ensinamentos da Doutrina Espírita em torno do que realmente interessa nessa situação.

Parei um pouco, tentando concatenar as ideias e me lembrei dos alertas característicos da atualidade que precisam ser feitos em tais casos.

– E um aspecto que preciso comentar antes de continuarmos. Nada do que lhe disser significará afirmativa ou insinuação de que você está doente, física ou mentalmente, ou que estamos lhe prescrevendo ou prometendo alguma espécie de cura. Isso, se estiver questionando, é tarefa para os médicos devidamente preparados para tanto. Vamos apenas lhe repassar informações que nós, espíritas, estamos convencidos de sua validade, com relação aos aspectos espirituais da vida e caberá exclusivamente a você considerá-las ou não em suas decisões. Certo?

– Tudo bem, seu Anselmo... Creio que entendo sua advertência e fique tranquilo. Quero apenas me esclarecer exatamente sobre isso.

– Então, vamos ao que interessa. Em primeiro lugar, o conceito de que somos espíritos, ou seja, seres imateriais, vestindo temporariamente um corpo de carne. E tão imersos neste corpo que não conseguimos nos imaginar ou nos conceber sem ele. E, temporariamente, porque em cada encarnação imergimos, nele nos enraizando durante o processo de gestação e nascimento, e dele nos libertamos, na oportunidade da morte física. É o que designamos de reencarnações sucessivas, que Kardec, o codificador do espiritismo descreveu sinteticamente: "Nascer, viver, morrer, renascer ainda e progredir sempre, tal é a lei". Ou seja, cada encarnação é como um ano de escola e, a Terra, é a nossa escola da vida. De acordo com o aproveitamento em cada encarnação, progrediremos ou não para os estágios mais avançados. E, todos nós, na humanidade, estamos mais ou menos, em níveis próximos, uns dos outros, para possibilitar a convivência e os relacionamentos. Mas, de fato, cada um no nível de racionalidade e maturidade que já conseguiu alcançar, E, daí, vem o conceito seguinte que é o mais importante de todos, de Deus. Pai e Criador de cada um de nós. Infinitamente Perfeito, Sábio, Justo e Amoroso, que de fato, em nosso atual estágio evolutivo, somos capazes apenas de entender como a Inteligência Suprema, que necessariamente tem de existir como Causa Primária de todas as coisas, mas incapazes de compreendê-Lo em todos os Seus atributos e manifestações sobre nossas vidas.

– Tudo bem, Ângelo? Papai do Céu existe, mesmo, e está constantemente cuidando de nós. Somos todos espíritos maravilhosamente individualizados, evoluindo sempre, intelectual e moralmente, através de acertos e erros, em cada encarnação. Ao final de cada ciclo, por ocasião da morte de nosso veículo carnal, nos libertamos retornando ao mundo espiritual, como um estágio de avaliação do que realizamos anteriormente e de preparação para a reencarnação seguinte.

Fiz mais uma pequena pausa de sondagem quanto à atenção do interlocutor. Sentindo nele um certo clima de curiosidade, prossegui.

– E, é nessa oportunidade, que nos decidimos ou somos orientados nas questões relativas à sexualidade, ou seja, de reencarnarmos na condição masculina ou feminina, de acordo com as nossas necessidades e merecimentos. Isso porque o espírito, mesmo, não tem um sexo definido. Ele pode, inclusive, permanecer por muitas e muitas encarnações em uma ou outra condição sexual sem sentir necessidade de experiências vivenciais na situação contrária. No entanto, podem surgir situações, em que vislumbra tal necessidade de mudança, seja para conseguir sentir, de fato, as vicissitudes que tenha provocado, em virtude de comportamentos anteriores totalmente equivocados, seja para desenvolver as sensibilidades e

22

virtudes características do sexo oposto.

– O senhor está afirmando, então, que eu escolhi reencarnar na condição masculina...

– Perfeito. Pelos ensinamentos que encontramos na Doutrina Espírita, se já estivermos com condições de discernimento suficiente para nos decidir, ou de entender e aceitar o aconselhamento de espíritos mais evoluídos que nos ajudem, é isso mesmo que ocorre. E devem ter existido razões importantes para que você tenha tomado tal decisão. E pelo seu relato, a primeira dedução que podemos tirar, é que você pode estar sentindo essa compulsão de mudança, devido à possibilidade de ter estado na condição feminina em encarnações anteriores. No entanto, influências espirituais podem também estar atuando sobre seu psiquismo, motivados, igualmente, por ocorrências de passados remotos. E é conveniente considerar esta alternativa como causa dos problemas que está vivenciando agora.

– Esta parte, das influências – retrucou Ângelo –, gostaria que me detalhasse um pouco mais...

– É outro dos conceitos básicos do espiritismo. Somos todos espíritos imersos em um corpo material, formando uma tríade enquanto encarnados: espírito, perispírito e corpo físico. O perispírito é também matéria, de ordem mais rarefeita que a terrena, e serve como intermediário entre o espírito e o corpo. Quando ocorre o falecimento, o espírito se liberta do corpo material, mas permanece integrado ao seu perispírito, com a sensação de que este seja seu corpo físico, geralmente em estado de perturbação e sem entender bem o que ocorreu consigo. E, pelos mais variados motivos, pode permanecer por muito tempo ainda tentando atuar no mundo material e influenciar aqueles com os quais tenha convivido em situações de amor ou de ódio. Por isso, quando Kardec perguntou se os espíritos nos influenciavam, a resposta que recebeu foi: *"Muito mais do que imaginais. Influem a tal ponto, que, de ordinário, são eles que vos dirigem."*

– Tudo bem, seu Anselmo, do que entendi até agora: devo ter escolhido reencarnar como homem; mas, posso ter vivido uma personalidade feminina anteriormente e disso estou saudoso; ou, estar sob influências espirituais que me induzem a ter tais sensações. Correto?

– Perfeito. Mas, a convicção mesmo destes aspectos, você só vai conseguir meditando e estudando. Em tudo isso, existe muita racionalidade e lógica, com uma extensa e rica literatura abordando em profundidade as questões relacionadas com a nossa espiritualidade. No entanto, há um outro aspecto importante a abordar no que se refere à mudança de sexo do corpo físico. Quando vamos reencarnar, ocorre um complicadíssimo processo de ajustamento e comandamento do períspirito ao corpo em gestação, estabelecendo como se fosse um enraizamento em cada célula. O períspirito é como um corpo energético que organiza e comanda o corpo físico. Alguma coisa similar à experiência de um ímã organizando a limalha de ferro espalhada em uma folha de papel. Ao final da gestação, o corpo físico será como uma cópia perfeita do períspirito, e ambos passando por todas as etapas de uma vida – infância, juventude, maturidade e velhice. E, enquanto encarnados, ocorrências em um deles se refletem no outro. Para explicar melhor, ferimentos de maior gravidade no corpo físico, podem se refletir no corpo espiritual, ou períspirito e vice versa. Ou seja, alterações de maior gravidade no períspirito, podem se refletir no corpo físico. Isso pode ser visto, inclusive, em uma obra não espírita, do pesquisador americano Ian Stevenson, em seu famoso livro "20 casos sugestivos de reencarnação". Nele o autor analisa casos de crianças relatando espontaneamente vidas passadas e com sinais de nascença relacionadas com as causas da morte. A explicação seria de que se lembram porque o período de permanência no mundo espiritual foi muito curto e ainda conservam na memória aquelas lembranças. E, da mesma forma, como o perispírito precisa de tempo para se recompor por completo dos ferimentos anteriores, pode acabar repassando ao corpo em formação sinais do que ocorreu anteriormente. O que encontramos na literatura espírita, complementando essas informações, é que a recuperação do períspirito depois de passar por situações traumáticas depende, além do tempo necessário, também do psiquismo do espírito. Quanto maior for a agitação, o sentimento de culpa e arrependimento, o desequilíbrio, enfim, mais difícil será sua recuperação. No caso dos suicidas, por exemplo, podem ser necessárias até sucessivas tentativas de reencarnar, sem chegar ao final da gestação, de maneira a poder ir reajustando aos poucos seu perispírito até conseguir completar todo o processo de recuperação.

– Então – prossegui ao notar sua atenção –, no caso de uma mudança de sexo no corpo físico, é conveniente considerar o que também pode ocorrer no perispírito. A medicina terrena só atua no corpo físico, mas de forma, até o momento incompleta. Não tem como alterar ou corrigir o perispírito da pessoa. E, quando alguém reencarna em uma ou outra condição, é porque precisa viver aquele tipo de experiência, pelos mais variados motivos, que, mais cedo ou mais tarde terão de ser satisfeitos. Não aproveitar a oportunidade, será, de fato, apenas um adiamento e, quem sabe, plantio de futuros problemas. Mais tarde, por exemplo, pode precisar e querer exercer a paternidade ou maternidade e encontrar problemas de saúde intransponíveis devido às deficiências em seu corpo físico, decorrentes do inconformismo do passado.

— Tudo isso, para mim, é novidade. Jamais havia pensado ou conversado considerando tais questões. E entendo que tenho de pensar melhor antes de me decidir. Mas, como controlar a compulsão que sinto? Podem ajudar de alguma forma?

— No seu caso eu recomendaria, um Tratamento Espiritual, com duplo objetivo: com a ajuda da Espiritualidade, conseguir se inspirar e se fortalecer para raciocinar com tranquilidade e acerto, e afastar eventuais influencias negativas que o estejam assediando. Em complemento, buscar orientação com um Psicólogo ou Psiquiatra, para trabalhar os aspectos mentais e psicológicos do problema. E, se sentir disposição, começar a estudar a Doutrina Espírita. O ingresso nesses estudos tem se mostrado muito benéficos para as pessoas que nos procuram. Quando acrescentamos ao nosso acervo de conhecimentos os aspectos espirituais da vida, fica muito mais fácil e tranquilo enfrentarmos e administrarmos bem os naturais problemas e obstáculos que encontramos e que tanto nos ajudam a progredir.

— Mas, o que seria este Tratamento Espiritual?

— Basicamente, assistir nossas palestras evangélicas, nas terças-feiras à noite, com a finalidade de preparação para a sequente recepção de passes, e uso de água fluidificada durante a semana. Isso, em geral, por pelo menos três ou quatro semanas. Vamos preencher uma ficha de orientação que lhe entrego, explicando tudo em detalhes, e outra que vai para os grupos encarregados desses trabalhos, com informações resumidas e genéricas de suas necessidades. No seu caso, entendo que seja no sentido de orientação e fortalecimento espiritual para que consiga se tranquilizar e tomar suas decisões com acerto, ou seja, de acordo com tudo que possa realmente ser benéfico para sua evolução intelectual e moral. E, qualquer dúvida, não se acanhe. É só me perguntar.

– Algum custo?

– Nenhum. E também nenhuma condicionante. Não há qualquer necessidade de se converter ao espiritismo e, quanto aos grupos de estudo, são apenas sugestões. Nada é obrigatório. O maior ou menor empenho em entender as coisas e buscar profundidade nos conhecimentos oferecidos pela Doutrina Espírita ficam exclusivamente a seu critério.

– Tudo bem, seu Anselmo. Vamos tentar e obrigado pela sua paciência em me escutar e explicar tudo isso. Já me sinto um pouco mais aliviado e o que ouvi me parece bastante lógico. Jamais vi as coisas dessa forma e já estive me imaginando com transtornos mentais...

Terminando de preencher as fichas, entreguei a Ângelo a de orientação e arrematei:

– Então, esperamos você para a próxima terça-feira. Abrimos às dezenove horas, mas a palestra só começará mais tarde, às vinte horas. Si tiver algum questionamento, chegue mais cedo e poderemos conversar. Vou anotar também o seu e-mail e lhe repassarei uma edição digital do livro sobre reencarnação de Ian Stevenson. É um tanto repetitivo, ao relatar cada caso, conforme o enfoque enfatizado. A gente precisa ir pulando as partes mais monótonas, mas, no conjunto nos repassa uma boa ideia da reencarnação. Um filme que eu também recomendaria, versando sobre o mesmo tema e disponível no

YouTube, é o "Minha vida na outra vida". Garanto que vai gostar...

– Até terça então, seu Anselmo. Muito obrigado mesmo!

E lá se foi meu consulente do dia. Mas, interiormente, apesar de tudo o que tentei lhe explicar, fiquei a matutar qual seria a razão para um rapaz com aquela aparência tranquila, sensata e também ética, a deduzir por sua preocupação com os sofrimentos que poderia causar à sua família, estar enfrentando aquele tipo de problema.

Tenho dessas coisas, quando fico muito intrigado com algum problema, com ele acabo sonhando. E não deu outra. Na manhã seguinte acordei como com um completo relato, embora resumido. Lá do outro lado, um casal acabou chegando à conclusão que deveriam experienciar condições opostas de sexualidade. Embora convivessem, sem grandes traumas, um se queixava do outro continuamente e por várias reencarnações, embora não sequenciais. Em uma delas, Ângelo, então mulher, teve um conturbado relacionamento com o consorte que agora o assediava espiritualmente induzindo-o a retomar novamente a forma feminina. Seu saudosismo criou o clima propício às influencias que estava recebendo. Mas, havia algo mais planejado para sua vida...

Tais vislumbres me deixam sempre na dúvida, ainda mais, quando decorrentes de sonhos que a gente não consegue rememorar integralmente.

****

O certo é que o tempo passou. Ângelo fez o tratamento e passou a participar dos grupos de estudo da Casa, mas sempre arredio com as garotas que volta e meia, como parece ter se tornado corriqueiro nos dias de hoje, o assediavam.

No entanto, lá pelas tantas, surpreso, percebi-o mais à vontade e animado com uma das moças que havia passado a participar do grupo de estudo onde ele, então, já atuava como coordenador. Mayana era alta, morena, porte atlético, elegante e com uma personalidade alegre, voluntariosa, como de comandamento.

E, creio que percebendo minhas observações, lá veio ele um dia querendo dialogar um pouco.

– Boa noite, seu Anselmo. Podemos conversar um pouco?

– Claro! Algum problema?

– De jeito nenhum. Tudo tranquilo. Só troca de ideias...

E lá fomos nós para a costumeira salinha...

– Pois é, seu Anselmo – começou ele já se ajeitando na cadeira – , Até hoje me lembro de nossa conversa anos atrás, nesta mesma sala. Ainda bem que consegui vencer meus receios e passar pela porta de entrada... Sabe, seu Anselmo, acho que encontrei minha cara-metade. Ainda bem que sua conversa e a frequência no Centro me tiraram por completo da cabeça as ideias malucas daquela época. Pelo menos, sinto por ela uma atração que não sei expressar bem qual seja o significado. Paz, realização, completude, amor, confiança, sei lá! Só sei que ao lado dela me sinto tranquilo e feliz.

– E ela? Corresponde aos seus sentimentos?

– Creio que sim, seu Anselmo. Nosso namoro tem sido à moda antiga. Saímos e nos divertimos juntos, mas, não "ficamos" ainda... Não tive coragem de propor qualquer coisa nesse sentido com medo de pôr tudo a perder... Acho que vou direto a uma proposta de casamento. O que o senhor acha?

– Já conhece a família dela?

– Não, ainda. Ela também é do interior. Veio para estudar, como eu, e acabou ficando e se arrumando. Hoje mora com mais duas amigas, trabalha e leva a vida de forma independente.

– Bem, meu caro. Também sou à moda antiga, apoiador incondicional da família, a tradicional mesmo, instituição base da nossa sociedade. Um relacionamento de longo prazo, como deve ser o objetivo de um casamento, só pode ser construído com alguma segurança, com base no amor em seu sentido mais amplo, não apenas da atração física, mas de compreensão mútua. Um sempre procurando perceber os problemas que o outro pode estar enfrentando, em todos os aspectos e, inclusive, no de sua condição sexual. Entende o que estou tentando dizer? Como homem, você terá de se ver na condição feminina de sua esposa e verdadeiramente sentir e se preocupar com suas eventuais dificuldades. E, ela, da mesma forma. Penso que o ideal seria você seguir os trâmites tradicionais, mas falando antes com ela. Sei que já é adulta e, hoje em dia, costumam nem mais fazer isso, mas, de uma forma ou de outra, terá de conviver e, de preferência, bem com os familiares dela. Então, seria de bom alvitre, buscar uma aproximação e formalizar um pedido de casamento.

A porta da sala estava aberta e, exatamente nessa altura da conversa, Mayana apareceu na porta questionando no seu modo um tanto irreverente e alegre.

– Desconfio que vocês dois estão falando de mim... Acertei?

Surpreso, mas também demonstrando contentamento por sua chegada e se levantando, Ângelo respondeu:

– Que bom você ter chegado! Acertou. Mas, não estava falando mal de você, muito pelo contrário!

Depois de trocarem beijinhos discretos e se sentarem lado a lado de mãos dadas, ela no mesmo estilo irreverente tomou a iniciativa:

– Como é seu Anselmo, conseguiu transmitir coragem ao moço? Pelo tempo da conversa, já desconfiei o que estavam tramando. Há semanas que percebo seus rodeios e acho que já consigo ler seus pensamentos. Por isso ele terá de tomar muito cuidado daqui para a frente...

– Então – gaguejou Ângelo –, está disposta a me aturar...

– Casar consigo? É claro homem! Você é que me vem aturando há um bocado de tempo. Vou mandar em você pelo resto de sua vida.

– Maravilha! Mas, o seu Anselmo me aconselhou a ir fazer um pedido formal de casamento aos seus pais.

– Tudo bem. No fim de semana podemos fazer isso – prosseguiu Mayana brincando. – Seu futuro sogro é um pouco difícil, mas vai acabar concordando. Quanto à dona Maria Consuelo, minha mãe, vai ficar mais do que feliz. Não se cansa de me cobrar por não ainda não lhe ter dado os netos que espera. Com certeza, vai fazer de tudo para mimá-lo com seus quitutes...

Acabei ficando como espectador do arrulhar de pombinhos enamorados e matutando com o que havia presenciado ao longo dos últimos anos na vida de ambos e das revelações através de sonhos do passado.

Via estar ali se concretizando o reencontro, planejado na espiritualidade, de duas almas que se amavam, para mais uma etapa vivencial terrena. E, com personalidades que se ajustavam com o que me havia sido explicado. Ele, sem ter se libertado por completo das lembranças de sua condição feminina anterior, que o tornou tímido, temeroso e retraído perante as outras mulheres e, ela, de certa forma, sem perder o caráter voluntarioso e de comandamento característico de homens do passado.

Como as coisas estavam bem encaminhadas, continuei apenas acompanhando a evolução natural dos acontecimentos, sem jamais comentar as explicações que haviam me surgido anteriormente.

O esquecimento das vivências passadas tem aspectos positivos. Por isso, somente em casos muito especiais, e conduzidas por pessoas realmente habilitadas, o recurso da designada como Terapia de Vidas Passadas pode ser aventado.

Para os conhecedores da Doutrina Espírita, em geral, quando já assimilaram mesmo seus ensinamentos, não há necessidade de tal providência. Como sabem que tudo se encadeia, em cada dificuldade ou problema, percebem sempre alguma razão de ser que pode ser deduzida sem maiores dificuldades, bem como, as melhores formas de enfrentá-los e superá-los sem o plantio de novos encargos amargos mais à frente.

Mayana e Ângelo se casaram poucos meses depois. e de acordo com as tradições e ritos católicos das respectivas famílias. Depois, prosseguindo a vida onde estavam profissionalmente radicados, mas se integrando cada vez mais nas atividades do Centro Espírita. Vieram os filhos e em padrões um tanto fora de nossa época, dois meninos e duas meninas.

O mais velho, extremamente apegado e amoroso com Ângelo... Amor antigo, provavelmente, se transmutando para o amor filial...

03 – BRIGANDO COM A MORTE

Alexandre era um dos voluntários do Centro Espírita na evangelização das crianças e jovens. Muito tranquilo e dedicado em suas tarefas, conseguia se conduzir sempre animado, cativando com facilidade a turma de jovens que coordenava nos já tradicionais estudos doutrinários dos domingos.

Sua esposa, com quem tinha um casal de filhos, também o acompanhava no voluntariado da Casa, mas, no atendimento às gestantes carentes realizados nos trabalhos de assistência e promoção social espírita.

No entanto, sua família de origem, bastante numerosa e católica, inesperadamente passou por uma tragédia. Um de seus irmãos, o mais novo dos sete, faleceu em um acidente de moto. Jovem, estudante, centrado, alegre, prestes a se formar em engenharia, já trabalhando como estagiário em uma construtora de renome e noivo à moda antiga cheio de sonhos e projetos.

A indesejável ocorrência caiu sobre a família como uma tempestade arrasadora. O jovem, desencarnado tão prematuramente, era mesmo benquisto por todos os seus integrantes, pais, irmãos e sobrinhos. E Alexandre não escapou do clima de tristeza e saudade que se abateu sobre todos eles. Demorou algum tempo para retornar ao comportamento anterior alegre e bem disposto.

Uns três meses depois, estava lendo um pouco na minha costumeira sala de atendimentos, quando percebo a chegada de Alexandre acompanhado de um senhor, que presumi já estar passando dos sessenta, semblante fechado, quase demonstrando estar ali contrariado.

– Boa noite seu Anselmo! Disseram-me que o senhor estava aqui, ainda sozinho... Consegui trazer hoje meu pai para conversar um pouco. Sabe como é, santo de casa não faz milagres. Tenho tentado de todas as formas reanimá-lo depois que meu irmão Jorge se foi lá para o outro lado da vida, mas sem qualquer resultado. Quem sabe o senhor consegue fazê-lo ver as coisas de um modo diferente...

– Boa noite Alexandre! Seja bem-vindo senhor...

– Antônio, muito prazer seu Anselmo. O menino tanto insistiu que acabei vindo, mas acho que vou apenas tomar o seu tempo. Já não acredito em mais nada... "Lá do outro lado da vida" – murmurou, repetindo as palavras usadas por seu filho quase com desdém.

– Não será perda de tempo, seu Antônio. Mesmo que não concorde com nada do que viermos a conversar, é sempre bom, como costumam dizer, jogar papo fora. Ajuda a desanuviar um pouco o ambiente e as ideias. Fique tranquilo Alexandre. Quando terminarmos lhe aviso.

Alexandre foi saindo sem comentar a atitude quase grosseira de seu pai, mas com uma piscadela como a pedir desculpas e paciência.

– Uma joia este seu garoto, seu Antônio. Tem nos ajudado bastante nas atividades aqui da Casa. Tem um jeito especial e sabe cativar e controlar a garotada.

– Sim, é um bom menino. Talvez o que mais vem se preocupando comigo... Sabe, são sete irmãos. Só o falecido e ele não trabalhavam comigo. Os outros cinco, três homens e duas mulheres, estão todos completamente envolvidos na administração de nossas lojas de material de construção. É uma italianada trabalhadora. Brigam de vez em quando, mas logo se acertam... Alexandre se bandeou para esta tal de informática e também nos ajuda bastante, mas segue com seus próprios negócios. Já o Jorge era minha esperança de abrir mais um campo de empreendimentos a partir de nossas lojas...

Mencionou o nome do filho e seus sonhos com voz embargada, cabeça baixa, escondendo as lágrimas. Fiquei em silêncio alguns instantes, deixando que ele deixasse fluir as emoções antes de continuar.

– E o problema, seu Anselmo, nesse ponto meu menino tem razão. Estou zangado com Deus e não consigo entender e nem aceitar que ele me tenha feito isso. Porque? Criei-os todos com tanto sacrifício, com tantos cuidados. Todos bem encaminhados na vida, trabalhadores, honestos... Fiz o que pude e Ele me dá essa paulada e exatamente com o meu mais novo, de todos eles, o mais carinhoso comigo? É muito difícil, seu Anselmo! Muito difícil! Nada mais me interessa. Meus filhos já não precisam mais de mim. Prosseguem todos envolvidos com suas atividades nas lojas e com suas famílias. De vez em quando me procuram para alguma troca de ideias, mas sei que é apenas para me animar. E também procuro não dar demonstrações do que estou passando. Só o Alexandre é mais perspicaz e preocupado comigo. Não se deixa enganar e está sempre a me cutucar para voltar à ativa.

Com um suspiro de desânimo, parou de falar e me encarou com expressão de tristeza, dando a impressão de expectativa por algum comentário de minha parte.

– Nunca passei por uma situação como essa, Antônio, mas posso imaginar que é provavelmente a mais impactante para qualquer pai que preza pelo bem estar de sua família. A gente sempre pensa e idealiza ir lá para o outro lado da vida, como disse o Alexandre, antes deles todos. E não há outra forma de assimilar e se resignar com uma ocorrência como essa que não seja filosofando um pouco a vida, pelo seu lado espiritual e de acordo com as nossas próprias convicções. Pelas conversas com seu filho, posso lhe adiantar que ele o admira muito, o senhor com formação católica e praticante, inclusive. Tanto é que conduziu toda a sua família na mesma direção. Só mesmo ele é que se desviou um pouco se chegando ao espiritismo, mas mantendo uma profunda admiração e gratidão por tudo que assimilou na fé católica. O senhor tem meditado sobre isso? Somos todos filhos de Deus e foi Jesus quem nos ensinou a chamá-Lo de Pai... E Deus, nosso Pai, é em tudo infinito: Amor, Sabedoria, Bondade, Justiça... E somos todos como crianças espirituais ainda incapazes de entendê-Lo em seus desígnios e providências...

Fui falando pausadamente, com a ideia de dar tempo ao meu interlocutor assimilar o sentido de cada frase e notando sua atenção, prossegui.

– Veja, seu Antônio: se analisarmos as escrituras iremos encontrar, tanto no Novo, como no Velho Testamento, inúmeras passagens em que somos induzidos a nos manter absolutamente confiantes em Deus, sejam quais forem as situações que venhamos a enfrentar. E o maior exemplo disso, Jesus nos deu ao se deixar crucificar resignadamente e perdoando seus algozes: *"– Perdoai-os, Pai, porque eles não sabem o que fazem!"* Mesmo com Jesus, havia um propósito tão grandioso na crucificação que dividiu a História em antes e depois dEle. E, conosco é a mesma coisa. Curta ou longa, tenha certeza, todos nós temos um propósito na vida...

Dei uma parada para deixá-lo reagir um pouco à minha dissertação, pois se nada estivesse assimilando ou mexendo com seus sentimentos, acabaria sendo contra indicado continuar. Poderia ficar contrariado e seriam difíceis novas conversações se necessárias mais à frente.

No entanto, senti que a peroração pelo menos provocava resposta, o que significava continuidade na conversa. Antônio novamente suspirou me encarando, como a tomar coragem para prosseguir.

– De fato, seu Anselmo, já havia meditado sobre isso. Afinal, minha atitude de revolta contra Deus, praticamente demolia tudo o que eu havia tentado construir e exemplificar para meus filhos, para minha família. Mas, sabe como é, dor da saudade, das esperanças perdidas, algo que não consigo explicar e não deixa me conformar. De meu filho, já ouvi muita coisa, mas e o senhor tem filhos? Como encararia tudo isso se fosse consigo? Que explicações o consolariam?

– Sim Antônio, também tenho filhos e se fosse comigo, pode estar certo, também me seria difícil passar por uma situação como essa. Minha formação foi como a sua, católica e com muitas boas e saudosas lembranças dos meus tempos aos cuidados dos padres de um internato. Só aos quinze anos, quando tive de prosseguir nos estudos na capital, comecei a me interessar por leituras espíritas e desde então tenho me aprofundado cada vez mais. Nossas crenças tem muito em comum. No entanto, é no conceito das reencarnações sucessivas que encontramos as explicações do porquê das mortes prematuras e indesejadas. A reencarnação consiste no fato de sermos espíritos vestindo temporariamente um corpo de carne; com a morte, nos despimos desta roupagem, mas continuamos vivos e atuantes em espírito, até uma nova oportunidade de voltar ao mundo terreno, participando da geração de um novo corpo durante o período de gestação. E, isso, tantas vezes quantas forem necessárias para irmos galgando gradativamente os degraus de nossa evolução intelectual e moral. E é como em uma escola: em cada encarnação, um currículo a ser cumprido, de acordo com as nossas necessidades de aprendizado e dos merecimentos decorrentes dos resultados obtidos anteriormente. Sempre com total livre arbítrio, mas, também sempre, tendo de responder pelos desacertos cometidos. Dentro dessa ideia, iria raciocinar com a possibilidade do retorno antecipado para a vida espiritual, abandonando compulsoriamente a vida terrestre, em razão de algum evento em reencarnação passada, que o deixou com tal necessidade. Compulsória agora, porque no passado talvez tenha sido voluntária, ou por negligência... E, isso, foi pela necessidade que fez por merecer para passar por tal experiência, não para o punir, mas para aprender a valorizar mais a vida, a dele, e a dos outros.

– Pensando bem – Antônio comentou –, meu garoto era um tanto impetuoso e ousado demais para meu gosto. Desde jovem insistia para que lhe desse uma moto. Resisti o quanto pude, como um pressentimento. E com meus outros filhos, que tiveram a mesma ideia, apesar de ter condições, sempre fui contra. Mas, quando ele começou a fazer o tal estágio e ganhar o próprio dinheiro, não tive mais coragem de lhe opor obstáculos. Mas, sempre recomendando cuidado, muito cuidado. E ele era mesmo cuidadoso e ficou comprovado que não teve culpa alguma no acidente que o vitimou. Foi mesmo uma fatalidade, sem nenhuma outra vítima a não ser ele e sua moto, totalmente destroçada...

E continuou, depois de usar o lenço para enxugar as lágrimas que novamente afloravam:

– Desculpe-me, seu Anselmo, ainda não consegui

mesmo superar a dor da perda de meu garoto. Mas, vocês falam com tanta certeza em prosseguimento da vida, reencarnação e tudo mais... Como posso acreditar em tudo isso? Se conseguisse, talvez encontrasse um pouco mais de paz...

– E pode, seu Antônio. É uma questão de parar um pouco e começar a meditar sobre as informações que nos levaram, espíritas, a tais convicções. E são inúmeras, tenha certeza. Mas, precisamos nos despir de preconceitos e estudarmos o que existe de mais evidente na atualidade apontando na direção desses conceitos: continuidade da vida e reencarnação. Existem livros escritos especificamente para pessoas traumatizadas como o senhor devido à perda prematura de entes queridos. Dois deles sempre recomendo: "Éramos seis" e "Jovens do além". Neles foram reunidas cartas psicografadas por Francisco Cândido Xavier, todas de jovens dirigindo-se aos seus pais, ricas de detalhes identificadores, algumas até com a mesma letra e assinatura dos falecidos em acidentes. E todos procurando tranquilizar os pais, lhes assegurando a continuidade da vida e explicando as razões pelas quais ocorreram seus retornos antecipados à espiritualidade. Quanto à reencarnação, eu sugeriria que assistisse o filme "Minha vida na outra vida", só para começar a entender. É belíssimo, com uma mensagem inspiradora e totalmente relatado em um ambiente católico, inclusive. Existe muito mais, mas tudo isso tem de ir sendo absorvido aos poucos. O principal em tais casos, tenho certeza, é o mesmo que lhe recomendariam os sacerdotes de sua paroquia: confiança em Deus. Ele está constantemente cuidando de cada um de nós e também de seu garoto.

– Aqui de nossa Casa Espírita, – continuei –, para

ajudá-lo, ofereceríamos a possibilidade de um Tratamento Espiritual, com a finalidade de lhe trazer um pouco mais de tranquilidade e fortalecimento físico e espiritual. E sem qualquer outro condicionante que não seja confiança em Deus e em seus Santos e Anjos da Guarda. Terá apenas de assistir durante umas três ou quatro semanas, nossas palestras das terças-feiras, tomar passes e fazer uso de água fluidificada. Fique tranquilo, pois são todos procedimentos simples, sem nada de excepcional que possa violentar suas convicções.

— Realmente — retrucou Antônio —, estou até surpreso. Parece até que tirei um peso da alma com nossa conversa. Creio que, de uma certa forma, estava me sentindo culpado por não ter impedido que Jorge comprasse aquela moto. Com meus filhos, cada vez que puxavam o assunto do acidente, eu acabava chorando descontroladamente. Acho que estou mesmo precisando de uma ajuda desse tipo e vamos fazer este tal de Tratamento Espiritual. O Alexandre, pelo menos, vai ficar mais tranquilo.

— Fique certo que mal não vai lhe fazer e acabará entendendo um pouco mais este seu outro garoto. Temos apenas que preencher alguns dados e lhe repassar um folheto de orientação. Qualquer dúvida, o Alexandre lhe explicará tudo sem qualquer problema. Ele já conhece bem todos os procedimentos e atividades aqui do Centro.

— E, se estiver disposto e tranquilo — continuei depois de lhe entregar a orientação —, pode assistir nossa palestra de hoje. O tema é interessante e, de certa forma, relacionado com nossa conversa. E, depois, tome um passe, para ter uma ideia do que seja o seu tratamento, sem absolutamente nada que seja de assustar. Mas, antes, vamos passar pela nossa Biblioteca para pegar os dois livros que mencionei. Tente ler, senhor Antônio, mas, sem forçar.

Se não gostar, simplesmente deixe de lado. Às vezes, para cada tipo de leitura, pode ser necessário esperar pelo momento mais oportuno, quando nosso espírito esteja realmente pronto para assimilar as ideias nela contida.

******

Depois desse encontro, o senhor Antônio atendeu realmente à sugestão do tratamento espiritual. tendo vindo sempre em companhia de seu filho Alexandre. Mais tarde, observei que tinha continuado a frequentar as palestras e se utilizar da Biblioteca, mas de forma discreta, quase que procurando evitar novas conversas comigo. Percebendo o que acontecia, procurei aguardar que ele próprio tomasse a iniciativa quando se sentisse mais à vontade ou necessidade de novo atendimento. Sem, no entanto, deixar de cumprimentá-lo quando eventualmente nos encontrávamos. Ficávamos apenas nas expressões lacônicas:

— Boa noite! Tudo bem Senhor Antônio?

— Boa noite! Tudo tranquilo, obrigado!

Tempos depois, ao conversar com Alexandre sobre questões relacionadas ao grupo de estudo sob sua coordenação, aproveitei para saber como estava seu pai.

— Sabe, seu Anselmo, é até curioso. Depois da conversa que tiveram e do tratamento espiritual, ele continuou no seu modo tristonho, mas, mais ativo e religioso. Leu os livros que o senhor lhe passou e depois começou a pegar outros na Biblioteca. Já não reage tanto às minhas conversas, mas, mantendo-se em guarda. Ele sempre foi uma pessoa muito ciosa de suas convicções. Creio que está empenhado a não se deixar doutrinar e quer tirar suas próprias conclusões sobre o que está lendo. Mas, o bom é que ficou bem mais ativo nas lojas, não tanto como antes, mas parece que aos poucos está voltando ao normal. E, o outro aspecto interessante, é que agora passou a ser assíduo tanto nas nossas palestras daqui, como nas missas de domingo em sua paróquia.

– Boas notícias, Alexandre. Fico satisfeito em saber que as coisas estão se encaminhando bem. Nosso objetivo, realmente, não é de converter as pessoas ao espiritismo. Cada um de nós, do ponto de vista evolutivo, está em um determinado degrau em termos de conhecimento e maturidade, correspondente à religião a que melhor se ajusta. E a melhor religião, é sempre aquela capaz de nos fazer melhor a cada dia que passe. E, o espiritismo, como afirmou Kardec, não veio para substituir as religiões tradicionais, mas para nos ajudar a compreendê-las.

******

Passados mais alguns meses, uma noite vejo chegar o seu Antônio em companhia de um senhor mais novo, de uns quarenta e poucos anos, presumi. Desta vez, veio em minha direção, dando mostras que queria me apresentar seu acompanhante. Mas, percebi por trás de seu semblante sério, um olhar um tanto travesso...

– Boa noite, seu Anselmo! Tudo bem? Hoje lhe trouxe uma visita que veio conhecer a Casa e quer conversar um pouco consigo...

– Boa noite, seu Antônio! Ficamos felizes vendo que nos traz visitantes. Sinal que se sente bem aqui conosco. Muito prazer em conhecê-lo e seja bem-vindo senhor...

– Mauro, Padre Mauro. Muito prazer também, senhor Anselmo!

Como é natural, levei um susto. O visitante não estava de batina, mas irradiava simpatia e tranquilidade que eliminavam quaisquer prenúncios de dificuldades ou conflitos e, provavelmente, percebendo meu susto inicial, explicou:

– Não se preocupe. Vim mesmo conhecer a Casa e gostaria de conversamos um pouco e agradecer...

– Seu Anselmo – interrompeu Antônio –, vou para o salão das palestras e deixar vocês conversarem à vontade.

– Tudo bem Antônio. Vou mostrar nossa Casa e depois procurar um lugar adequado...

– Realmente fiquei surpreso – prossegui, dirigindo-me ao Padre Mauro –, pois visita como a sua é um tanto inusitada. Mas, fico feliz com sua presença e será uma honra mostrar nossas instalações e falar um pouco sobre nossas atividades. Vamos lá...

E saímos da recepção, mostrando-lhe as diversas dependências e explicando as atividades: salão de palestras, sala de passes, Livraria, Biblioteca, Secretaria, salas de estudo, cozinha, bazar... O ambiente era de muita movimentação, com o pessoal chegando para as palestras e para os grupos de estudo. Percebi que ele observava tudo com curiosidade e atenção. Por fim, lá nos fomos para minha saleta preferida...

– É isso, Padre Mauro. É uma Casa pequena fisicamente, sem qualquer possibilidade de ampliação. Mas, bastante ativa. Temos atividades em todos os dias da semana. Movimentação, como o senhor pode observar hoje, somente ocorre nos dias em que temos atividades públicas. As atividades mediúnicas são restritas aos integrantes de cada grupo e são bem menos numerosas.

– As reuniões mediúnicas, então, não são abertas ao público...

– Não, Padre Mauro. Procuramos seguir voluntariamente as orientações da Federação Espírita do Paraná e da Federação Espírita Brasileira. É uma questão de cuidado e precaução, tanto com os médiuns, como com eventuais expectadores. Para que uma reunião mediúnica possa ocorrer sem problemas e com segurança, há necessidade de conhecimento e preparo, de cuidados para uma boa harmonização mental e espiritual, de maneira a possibilitar sintonia com a espiritualidade mais elevada que realmente nos seja amiga e benéfica. A presença de pessoas descrentes, ou alimentando pensamentos negativos, prejudica demais a realização de atividades mediúnicas. Além do mais, pessoas às vezes mergulhadas em seus problemas, nem sempre estão em condições de assistir o que ocorre em reuniões dessa natureza.

– Todo esse pessoal chegando, então, é para os grupos de estudo?

– Sim, é como uma escola. Temos grupos para iniciantes, seguidos de outros de aprofundamento e, também, os temáticos, direcionados para áreas mais específicas: mediunidade, psicologia na visão espírita, a vida no mundo espiritual... De acordo com as áreas de interesse mais procuradas, quando possível, organizamos os grupos correspondentes. Atualmente, temos mais de vinte funcionando.

– Realmente, eu não fazia ideia das atividades de vocês e fico feliz com o trabalho que realizam. Sempre imaginei os Centros Espíritas como nossos adversários. Mas, o que me deixou curioso foi o nosso amigo Antônio. Com o acidente fatal de seu filho, entrou em depressão e, de antigo e animado colaborador de nossa paroquia, se afastou por completo. Bem que tentei em várias visitas trazê-lo de volta a vida, mas, sem qualquer sucesso. E, de repente, eis que o vejo de volta. Ainda um tanto triste, mas, animado e, surpreendentemente, mais fervoroso e ativo do que antes na paroquia. Acabei lhe perguntando, sem conter minha curiosidade, o que tinha acontecido, e ele me contou sobre o tratamento espiritual que tinha feito por sua recomendação nesta Casa...

E prosseguiu, como se estivesse lendo meus pensamentos: "– Afinal o que foi tão surpreendente?"

– Que em nenhum momento ele se sentiu sendo doutrinado para se converter ao espiritismo. Exortou-o apenas a ter confiança em Deus, lembrando passagens das escrituras que o levaram a meditar com mais resignação ante as dificuldades da vida. De fato, não sei como, da conversa que teve consigo, acabou se despertando para tudo quanto eu também já o havia aconselhado. O bom filho, a Casa retornou e, com sua ajuda! Por isso, estou aqui. Para parabenizar pelo trabalho que realizam e agradecer por nos ter ajudado a recuperar o trabalhador e colaborador voluntário que tanto ajuda nossa Paróquia. E fica o nosso convite. Ficaremos felizes com sua visita e será a oportunidade de também mostrar-lhe o trabalho que realizamos. Mas, gostaria de ouvir, do seu ponto de vista, como ocorreu essa mudança de comportamento do seu Antônio.

– Bem Padre Mauro, está perguntando, logo vou responder, mas, sem qualquer intenção em convencê-lo de nada. Em primeiro lugar, o senhor disse "com sua ajuda". Mesmo não sendo um médium dotado de grandes recursos, nenhum de nós consegue nada sozinho... Em nosso trabalho, quando realmente bem intencionado, somos assistidos por nossos amigos espirituais e, nos diálogos com os que nos procuram, somos intuídos a tocar nos aspectos mais relevantes, capazes de fazer as próprias pessoas meditarem melhor. O senhor também, com toda a certeza, mesmo não tendo consciência disso, deve ter inspirações adequadas no atendimento aos seus paroquianos.

– Sim, às vezes até me surpreendo comigo mesmo devido ao rumo das conversas que tenho com eles...

– Penso que o senhor Antônio estava às voltas com um sentimento de culpa, reprimido e escondido. No problema que enfrentava, não haviam outras complicações, como é comum em muitas situações. Apenas saudade, tristeza e sentimento de culpa por não ter protegido seu filho impedindo-o de se transformar em um motoqueiro, tal como havia feito com os mais velhos. Para se defender ou se justificar, instintivamente se colocou na situação de vítima da Providência Divina... Em nossa conversa, ele mesmo acabou reconhecendo o temperamento impetuoso de seu garoto e das dificuldades que teve para contê-lo um pouco. Ao conseguir desabafar e reconhecer o que trazia lá dentro escondido, ficou mais aliviado. O resto talvez tenha sido das leituras que lhe passei, com relatos de inúmeros casos semelhantes ao dele, todos de jovens, prematuramente – na nossa visão acanhada – retornando à vida espiritual. E, também, as ideias sobre a reencarnação que, além de nos oferecerem explicações aceitáveis sobre as dificuldades da vida, alimenta fortemente nossas esperanças para a oportunidade de nos redimirmos de erros, vícios e imperfeiçoes nas vivencias futuras. Acredito que ele não assimilou por completo, mas só o conhecimento de tais possibilidades, já acabam nos mostrando que nem sempre conseguimos entender bem os desígnios de Deus, sempre absolutamente perfeitos. Daí o retorno ao seu aprisco, onde se sente bem e pode encontrar todo o alimento espiritual que necessita para prosseguir em sua jornada terrena.

Começamos a ouvir a conversação no pátio interno, com o pessoal que havia saído da palestra já encerrada.

– Acho que a palestra já terminou, Padre Mauro. Perdi a chance de levá-lo ao salão para assisti-la. O jovem palestrante de hoje é muito bom, com excelente memória, e o tema era bem interessante. Ele vem sempre sem qualquer anotação e cita poemas, ou trechos inteiros como no original. Deve ter uma memória fotográfica...

Antônio assomou à porta indagando:

– Ainda estão por aqui... Pensei que ia levar o Padre Mauro para assistir a palestra seu Anselmo...

– Não me dei conta do horário e perdi a oportunidade. Mas, ele não vai sair de mãos vazias. Se aceitar, Padre Mauro, vou lhe passar um livro de mensagens, "Pão Nosso", psicografado por Francisco Cândido Xavier. O autor espiritual, Emmanuel, também foi padre em várias reencarnações e seus textos creio que não vão conflitar em nada com suas pregações. Talvez até o inspire em um ou outro sentido.

– Aceito, com prazer e agradecido. Já li alguns livros do Chico e sei que o conteúdo deles é invariavelmente bastante esclarecedor e construtivo.

– Pelo que vejo, não brigaram... – brincou seu Antônio.

– De jeito nenhum, foi muito boa a conversa e ficamos felizes com a visita e por estarem juntos – repliquei.

De fato, qual o motivo para briga? Cada um de sua parte, tentando fazer o melhor, de acordo com o entendimento que tenha. E se o resultado final for mesmo tranquilidade, fraternidade, paz e amor, merecerá sempre as bênçãos de Deus, de Jesus e da Espiritualidade Maior, católica, espírita ou de qualquer outra crença religiosa.

04 – DESEJO DE ENGRAVIDAR

Julieta já frequentava o Centro Espírita há algum tempo. Casada, tranquila, já se aproximando dos trinta anos, vinha sempre com o marido. O casal trabalhando, inclusive, como voluntários na evangelização das crianças. No entanto, não tinham filhos ainda.

Um dia, antes do início das atividades dos grupos de estudo no período noturno, Julieta pediu um Atendimento Fraterno e acabaram encaminhando-a para mim.

Chegou alegre e comunicativa, como sempre, mas dando sinais de preocupação e ansiedade.

– Boa noite, seu Anselmo! Vai precisar de um pouco de paciência comigo desta vez. Falei com a Valquíria e ela me sugeriu o senhor como a pessoa certa para eu desabafar e chorar um pouco...

– Que é isso, menina! Para que estou aqui? É para isso mesmo, fique tranquila e me conte o que a está preocupando.

– Estou ficando velha, seu Anselmo...

– Velha, Julieta? Com toda esta energia e vitalidade?

– Velha para ser mãe, seu Anselmo... O tempo está passando, já cansamos de consultas médicas sem nada encontrarem de errado nem comigo, nem com o Jacinto, e até agora nada... Desde que nos casamos, e já se vão sete anos, sonhamos com uma família numerosa...

– Para começar, tire essa ideia da cabeça. As coisas mudaram muito nos últimos anos. As meninas mais afoitas, que se deixam levar, adotando os padrões de comportamento alardeados pelas redes televisivas como normais e sadios, acabam engravidando cedo demais, quase sempre com resultados problemáticos para suas famílias; já com as mais esclarecidas, são frequentes os adiamentos, priorizando atividades profissionais em detrimentos da maternidade. De uma forma, ou de outra, o fato é que até vovós já andaram engravidando nos últimos anos. Esta questão de idade mesmo, não é o seu caso. Deixe isso para pelo menos mais uns dez ou quinze anos à frente.

– O caso é que a ansiedade, vai batendo e a gente vai ficando apreensiva querendo achar alguma solução. Já andamos até pensando em adoção, mas, lá dentro mesmo, sinto não ser o que realmente quero...

– Olhe, Julieta, ao longo da vida já tive a oportunidade de acompanhar o desenrolar de muitas situações similares à que está me relatando. Se do ponto de vista da saúde física, nada foi encontrado de impeditivo, será conveniente considerarem a presença de aspectos psicológicos ou espirituais. Já raciocinaram com isso?

– Já troquei algumas ideias com o Jacinto, mas, sem chegar a nada de conclusivo.

– E não vão chegar, porque nem sempre é bom descobrirmos as verdadeiras raízes de nossos problemas. Podem ser muito dolorosos e podemos não estar em condições psicológicas para enfrentar determinadas lembranças de nosso passado. O importante é nos conscientizarmos de que, se estamos aqui, neste mundo de provas e expiações, é porque precisamos dele e de suas experiências vivenciais mais difíceis, exatamente porque serão elas que nos possibilitarão prosseguir em nossa jornada evolutiva. Ninguém erra deliberadamente, se tiver mesmo consciência de que está fazendo algo errado. Logo, se desviamos, em passados distantes, são águas passadas; nada de ficar remoendo culpas; o importante é o agora, deixando que as eventuais memórias de desacertos antigos, guardadas no inconsciente, nos induzam a novos rumos. Vocês já vêm estudando conosco há um bom tempo, não é mesmo?

– Desde que começamos a frequentar a Casa, seu Anselmo. Há cinco anos atrás, quando viemos aqui para Curitiba.

– Então, vamos levantar algumas hipóteses quanto ao que possa estar acontecendo com vocês. Mas, dentro daquela ideia, nada de ficar remoendo culpas ou arrependimento. Para cada dificuldade, há sempre alguma solução. Focar sempre na solução, portanto.

– Tudo bem, é o que quero realmente.

– Você sabe que existem problemas de saúde que a nossa medicina convencional não consegue encontrar a razão, por melhores ou mais complexos que sejam os exames realizados. Isso, porque há problemas cuja origem está em nosso perispírito e se refletem no corpo físico. A razão disso pode estar em algo, ou em algum acontecimento de nosso passado distante, que tenha provocado esta anomalia. A nossa ciência ainda não entendeu e nem aceita isso, mas o fato é que existe um complexo e estreito inter-relacionamento entre o perispírito e o corpo. Empregos inadequados, ou danos provocados voluntariamente em nosso corpo físico, podem produzir reflexos em nosso perispírito, de difícil recuperação, dependendo da gravidade do acontecido e dos sentimentos negativos decorrentes, tais como, arrependimento, culpa, raiva de si mesmo, e assim por diante. A maneira de resolvermos isso, ao lado de um sincero desejo de se redimir, quanto aos eventuais desacertos do passado, é recorrermos a ajuda de nossos amigos espirituais, de maneira a atuarem corrigindo o problema em nosso perispírito e provocando a cura em nosso corpo físico. É o que ocorre nas designadas como cirurgias espirituais.

– Mas, o que podemos ter feito de modo a provocar tudo isso?

– Já falei, melhor não saber com certeza. Deixe ficar apenas em possibilidades. Seja lá qual for o passado, o importante agora é a solução: reequilibrar o perispírito em tudo o que seja necessário para bem cumprir sua missão cá neste mundo. Se for para enchê-la com mais uma dúzia de bacorinhos, que assim seja...

– Está brincando, seu Anselmo...

– Brincando, mas para animá-la, tenha certeza. Sei muito bem, que para você, o problema que está enfrentando é de extrema importância. Mas, fique tranquila que tudo vai se resolver e mais rápido do que pensa. Vamos agora à outra alternativa, que também pode estar presente, de forma isolada ou somatizando-se com a anterior. Seriam memórias submersas no inconsciente, culpando-se por procedimentos errôneos do passado, gerando um medo inconsciente de falhar novamente agora. E, tanto nessa alternativa, como na anterior, considere sempre o casal. Tanto você, como Jacinto, pode estar carregando fardos desta natureza.

– O senhor está dizendo de reencarnações passadas em que o exercício da maternidade pode ter sido negligente e infeliz e, agora, inconscientemente estou a me culpar por isso e bloqueando meu próprio corpo às tentativas de engravidar.

– Positivamente, não estou dizendo que é este o

caso. Apenas que, em função do que podemos ter feito no passado, por medo de novas falhas, inconscientemente podemos estar impedindo as atuais possibilidades. E, isso, para podermos equacionar racionalmente o que fazer para superar convenientemente o que esteja a barrar os objetivos que pretendemos atingir. Por enquanto, portanto, apenas raciocínio em cima do problema... Certo?

– Tudo bem, seu Anselmo. Vamos em frente...

– Agora, então, vamos à mais uma possibilidade. Presença de entidades espirituais que por qualquer motivo estejam a dificultar ou impedir a aproximação de espíritos desejosos ou orientados para reencarnarem com vocês. Amores ou ódios antigos, conflitos de relacionamento não resolvidos, e por aí vai...

– Dessas considerações – continuei –, podemos deduzir que é conveniente você e seu marido fazerem o Tratamento Espiritual da Casa. A finalidade será tratar as três alternativas principais, de acordo com as necessidades que nossos amigos espirituais constatarem: no perispírito, se for o caso da presença de alguma anomalia a ser corrigida; nas eventuais companhias espirituais que possam estar interferindo negativamente no processo, convencendo-as a se afastarem; e, em vocês, insuflando energias, determinação e inspiração para dissiparem os eventuais bloqueios psicológicos existentes.

– Tudo bem, seu Anselmo, pode marcar o nosso tratamento.

–– Vamos então ao preenchimento burocrático das fichas...

E, depois, ao lhe entregar as orientações para o tratamento, complementei com mais algumas recomendações:

– Lembre-se, Julieta: confiança em Deus é a chave

de todo este processo. Uma boa preparação psicológica, de maneira a meditarem sobre o que possa, do ponto de vista espiritual, estar dificultando, pedindo perdão ou perdoando, em relação a conflitos antigos, tornando-se totalmente receptivos e facilitando a sintonia com os espíritos direcionados para reencarnarem como seus filhos, será fundamental. Procurem ler, entre outros, o livro "Nossos filhos são espíritos", de Hermínio C. Miranda. Poderá ajudar bastante nessa preparação.

Julieta levantou-se ainda um tanto tristonha.

– Anime-se, minha filha! Como já lhe disse, mais cedo do que imagina, terá novidades!

E lá se foi a atendida para o seu grupo de estudos. Haviam sido marcadas quatro semanas para o tratamento e não tivemos outros encontros. Passaram-se seis meses e até já havia me esquecido de Julieta, quando um dia, lendo um pouco, enquanto aguardava que me encaminhassem algum atendimento, vejo-a espiar pela porta com olhar travesso e radiante. Entrou e sem me dizer nada deu-me um longo abraço e disse brincando:

– Quando o senhor me disse que seria mais cedo do que eu esperava, pensei logo na semana seguinte, mas, não foi... Foi agora! Tive a confirmação ontem, na minha visita à ginecologista!

Foi como o destrancar a porta de acesso à vida terrena para Janaina, a primeira, seguida por José e encerrada com Jussara.

Hoje, estão todos por aqui. Travessos, dando muito trabalho, mas, abarrotando o casal de afazeres e cuidados para, em meio aos naturais problemas que todos enfrentamos, irem encaminhando bem a família da maneira mais sadia possível, de acordo com suas possibilidades e entendimento.

05 – MEDIUNIDADE CONTROLADA

Em geral, nos habituamos a ver com mais facilidade os problemas e dificuldades dos outros. Criticamos, julgamos, vislumbramos a necessidade de mudanças de comportamento, as soluções que deveriam adotar, mas, em relação a nós mesmos, somos incapazes de reconhecer as próprias falhas, defeitos, vícios ou, simplesmente, erros de orientação. E, quando somos apontados nesse sentido, acabamos quase sempre agasalhando sentimentos de revolta, desagrado, injustiça ou humilhação.

E tais situações podem ocorrer com qualquer um de nós, com maior ou menor intensidade. No entanto, em especial com as pessoas dotadas de maior capacidade de influenciar os outros, entre os quais os médiuns ostensivos, que, por serem vistos como portadores de dons excepcionais, os problemas podem atingir proporções de maior gravidade, tanto para o médium, como para os que lhes recebam as comunicações ou orientações.

Com Romulo foi o que aconteceu no período inicial de seu desenvolvimento mediúnico. Jovem ainda, com pouco mais de vinte anos, depois de se deixar envolver em confusões e brigas devido ao seu temperamento impulsivo, por recomendação de amigos, acabou vindo ao Centro Espírita em busca de ajuda.

Conduzido por Geralda, uma das voluntárias da recepção, deu para perceber sua expectativa de curiosidade, mas, também desconfiado e em guarda, provavelmente temendo ser enganado ou explorado de alguma forma.

– Olá seu Anselmo! O Romulo está visitando nossa Casa e pediu para conversar um pouco com o senhor.

– Boa noite! Seja bem-vindo e se sente. Obrigado Geralda!

Com a saída de nossa voluntária, fiz perguntas para iniciar a conversação.

– Tudo bem Romulo? Já tinha vindo alguma vez a um Centro espírita? Fique bem à vontade mesmo. Estamos aqui para prestar todas as informações que necessitar.

– De fato, não faço a menor ideia do que seja um Centro Espírita. Minha família é evangélica, mas, acho que sou a ovelha negra... Por mais que insistissem, nunca me interessei em efetivamente participar dos hábitos religiosos de meus pais. E nem sei porque estou aqui hoje. Curiosidade, talvez...

– Se for só curiosidade, tudo bem. Pode ir perguntando, mas, penso que deve ter alguma outra motivação...

– Foi depois de uma conversa com minha amiga Fernanda, que já está há alguns anos frequentando o Centro.

– Sei que é uma boa garota, tranquila e muito sensata. Mas o que aconteceu para ela lhe fazer esta sugestão, se não se importa em contar.

– Como lhe falei, acho que sou um tanto rebelde e impulsivo demais. De vez em quando, mesmo sem ter bebido, falo ou faço coisas que depois me arrependo. É como se não tivesse raciocinado ou sendo de alguma forma conduzido a ferir as pessoas verbal ou fisicamente contra a minha vontade.

– Já procurou alguma ajuda psicológica para entender melhor o que está ocorrendo?

– Até agora, nada de maior gravidade resultou deste meu temperamento. Meus familiares e amigos, imagino, entendem como sendo um comportamento decorrente, talvez, da puberdade, que penso já ter passado. Alguns reclamam, mas depois, percebendo que voltei ao normal, me perdoam ou se esquecem das bobagens que andei falando. Só a Fernanda é que me alertou para essa minha irregularidade de comportamento. E agora eu que estou preocupado e curioso para entender melhor o que ocorre. Ainda não procurei, mas, não descarto a possível consulta a um psicólogo. Apenas resolvi passar primeiro por aqui...

Percebendo sua expectativa por alguma explicação, pela pausa um pouco mais demorada no que estava falando, tomei a iniciativa do prosseguimento na conversação.

– Bem, Romulo, pelo que entendi de seu relato até agora, embora de família evangélica, você nunca se interessou ou procurou se aprofundar no conhecimento dos aspectos espirituais ou religiosos da vida. E, nesse caso, vou ter de lhe fazer um resumo do que o espiritismo explica quando ao que possa estar acontecendo consigo. É para isso que veio até aqui, não é mesmo?

A resposta veio apenas com um aceno afirmativo com a cabeça.

– Tudo bem. Mas, pelo menos um pouco dos diálogos que deve ter presenciado em sua família deve ter ficado: crença em Deus, em Jesus, demônios, céu e inferno, orações...

– Sim, é claro – respondeu Romulo. – Passei a vida inteira ouvindo sobre tudo isso, sempre considerando bobagem, mas, sem nunca discutir ou contestar.

– Pois é, meu caro. Mas, eles estão certos em muita coisa. Talvez, porque a fé deles esteja fundamentada principalmente nos livros que consideram sagrados, com linguagem nem sempre suficiente clara, capaz de nos convencer pelo raciocínio, você ficou com essa ideia. No entanto, o que o espiritismo nos ensina, pelo menos em seus aspectos fundamentais, aqueles que nos ajudam a enfrentar melhor os problemas que a vida nos oferece, não é muito diferente. Cremos em Deus, como sendo a Inteligência Suprema, o Criador de tudo o que existe, a Causa Primária de todas as coisas; em Jesus, Seu Filho e nosso irmão, muito mais velho e evoluído, a tal ponto que, como somos incapazes de compreender Deus, é natural vê-Lo como Sua personificação; e todos os ensinamentos que nos deixou estão absolutamente corretos, constituindo o caminho certo para bem conduzirmos a vida enquanto aqui estivermos neste mundo terreno e também lá do outro lado da vida; nós, somos espíritos, vestindo em cada encarnação um corpo material que utilizamos em nossa vivência neste planeta; e, chegamos ao terreno e retornamos ao espiritual, muitas e muitas vezes, cada vez como se fosse um ano letivo de uma escola; bem sucedido, com bom aproveitamento, passamos de ano e, em caso contrário, seremos obrigados a retornar, para aprender ou corrigir o que deixamos para trás. E, nos intervalos, entre uma reencarnação e outra, podemos permanecer por aqui, imperceptíveis aos olhos comuns, mas tentando influenciar os que permanecem vivos, como costumamos dizer. E pelos mais variados motivos, em especial, pelos sentimentos de amor ou de ódio. São o que os católicos e evangélicos denominam como anjos e demônios. Para nós, apenas espíritos tentando de alguma forma nos influenciar, beneficiando ou prejudicando.

— Mas, — questionou Romulo —, onde está o racional nisso tudo? E em que aspecto explica o que ocorre comigo?

– O racional está em que cada um dos conceitos básicos da Doutrina Espírita está fundamentado na observação e análise acurada dos fenômenos espíritas, com base no raciocínio e na lógica. Nada é aceito sem passar pelo crivo de critérios capazes de assegurar a veracidade e universalidade dos ensinamentos oriundos da espiritualidade. No entanto, para compreender, aceitar e assimilar seus ensinamentos é necessário estudo. Um estudo que, na prática, é realmente longo. Mas, até hoje não encontrei ninguém que tenha realmente se debruçado nesses estudos sem convencer-se. Quanto ao que ocorre consigo, minha interpretação é que você deve ter uma sensibilidade um pouco mais acentuada às influencias espirituais. Pelo seu temperamento rebelde e descrente de tudo, não deve estar tomando os devidos cuidados com os pensamentos que costuma cultivar. E nós somos como, modernamente se entende, como um celular a transmitir ou receber comunicações. Dependendo dos nossos pensamentos, entramos em sintonia com os que desejam transmitir seus pensamentos, sentimentos ou emoções. E, se não aprendemos a controlar essas influências, quando menos percebemos, passamos a nos comportar como se estivéssemos sob o comando de outros. Por isso, você, depois, ao se lembrar do que fez intempestivamente, se arrepende e se envergonha.

– E como é que vou me livrar disso?

– É conveniente não ver as coisas dessa forma. Não vai se livrar e, sim, aprender a usar seus dons ou tendências de forma benéfica, tanto para si mesmo, como para as pessoas com as quais se relaciona. No aspecto da rebeldia e impulsividade, características de sua personalidade, seria bom procurar a ajuda de um psicólogo. Quanto às influências, o que nossa Casa pode oferecer é um tratamento espiritual visando fortalecê-lo para que possa resistir às negativas e atuar sobre os eventuais influenciadores convencendo-os a se afastarem. No entanto, para que os resultados possam ser duradouros, será recomendável que você comece a estudar o assunto com afinco de maneira a conseguir um completo domínio na utilização de suas potencialidades inatas. E, isso, vai depender exclusivamente de você.

– Do pouco que sei e pelo que está me dizendo, provavelmente sou portador de mediunidade...

– Todos nós somos médiuns, Romulo, em diversos graus de intensidade. Os de grau mais elevado denominamos como médiuns ostensivos. No seu caso, pelo que me relatou, há indícios. Só com o estudo e a prática saberá qual é o seu. Como lhe disse, tudo funciona por sintonia, inclusive, entre os encarnados. Se existir muita afinidade entre duas pessoas, casais, pais e filhos ou amigos muito chegados, é comum ocorrências como de adivinhação dos pensamentos um do outro. Isso, muitas vezes acontece sem percebermos, mas é algo similar ao que ocorre entre aqueles que estão lá do outro lado da vida e nós, ainda encarnados. As pessoas que têm esta capacidade de forma mais intensa são as que ficam mais propensas a serem influenciadas. Daí a necessidade de conhecimento de como tudo isso ocorre de maneira a aprendermos a vigiar nossos pensamentos para podermos assimilar as influencias que nos sejam benéficas e afastar as de sentido oposto.

– Percebo que tenho ainda muito a aprender. Mas, de forma objetiva o que me recomendaria no momento...

– Conforme já lhe falei, não descarte uma conversa com algum psicólogo de sua confiança. A ajuda poderá ser valiosa. Quanto aos aspectos espirituais, seria interessante marcarmos para você um tratamento espiritual e, se quiser, para complementar, inscrevê-lo em um de nossos grupos de estudo. Com o tempo aprenderá o que seja necessário para não mais prejudicar a si mesmo ou outros com sua impulsividade.

– Algum custo?

– Nenhum...

– Mas, como é que vocês se sustentam?

– Contribuições mensais daqueles que voluntariamente se associam à instituição, venda de livros, doações de roupas, depois vendidas no bazar, realizações de brechós de roupas usadas, doações de alimentos não perecíveis para as atividades de assistência e promoção social. Mas, tudo de forma voluntária. Para nenhuma das atividades da Casa é exigida qualquer contribuição financeira para participação.

– Tudo bem, seu Anselmo. Pode me inscrever para o tratamento e para o grupo de estudo que considere o mais adequado para o meu caso. Vou pagar para ver...

– E não vai se arrepender! Isso eu lhe garanto!

*****

Passaram-se três anos.

Como eu imaginava, Romulo se ajustou muito bem à rotina das reuniões semanais de estudo e, depois dos iniciais, foi para o da mediunidade, onde se revelou como um bom médium psicógrafo e psicofônico. Assim, conforme as orientações da Casa, pode logo em seguida ser integrado a um de seus grupos mediúnicos.

No entanto, ainda não conseguia dominar bem sua impulsividade. Quando recebia alguma comunicação mais significativa, ficava encantado com os textos, em especial, daqueles destinados a pessoas de seu relacionamento. Insistia com o dirigente de seu grupo para levar avante a divulgação, sem atentar, como deveria, para a necessidade de uma análise mais acurada do conteúdo e para as particularidades de cada caso. E a situação foi crescendo até que um dia, quando eu já tinha sido alertado para o problema e estava para convocá-lo para uma conversa, ele mesmo me procurou para desabafar suas preocupações.

À noite, antes de iniciarem os grupos de estudo, estava como de costume aguardando na minha saleta preferida, quando ele deu uma espiada e, ao me ver sozinho, já foi entrando.

— Boa noite, seu Anselmo! Dei sorte em encontrá-lo ainda livre. Tem um tempinho para mim?

— É claro, Romulo, boa noite! Vamos sentando para papearmos um pouco... Tudo tranquilo consigo? Com a família tudo bem?

— Tudo bem, graças a Deus! O meu pimpolho está começando a andar e dá uma trabalheira danada, mas, é gostoso ouvir suas risadas. Até me esqueço dos probleminhas do trabalho quando chego em casa e vou brincar com ele.

— De fato, esta é, talvez, a fase mais gratificante com os filhos. Depois de crescidos, as preocupações podem eventualmente aumentar, mas, na medida que as dificuldades vão sendo superadas, tudo se acomoda. O importante é levar a vida com a máxima serenidade possível e sempre com confiança na Providência Divina. Mas, alguma outra coisa o está preocupando...

— Pois é, seu Anselmo. Vocês me encaminharam para o grupo mediúnico e parece que minha mediunidade realmente deslanchou. Estou recebendo mensagens por psicofonia e psicografia com relativa frequência e cada vez com mais facilidade. No entanto, fico ansiado demais. Algumas são dirigidas a amigos nossos e me sinto quase na obrigação de lhes dar conhecimento, principalmente quando repassam alertas de perigos ou dificuldades com possíveis ocorrências indesejáveis. E o problema é com nosso dirigente. Excelente pessoa, muito amigo nosso, inclusive, mas, me segura de todo jeito, recomendando o máximo de discrição possível...

– E é isso mesmo, Romulo. Tudo o que recebemos pela via mediúnica, devemos sempre deixar que outros analisem e considerem a conveniência ou não de fazer alguma divulgação. O médium, mesmo, dificilmente terá condições de fazer uma boa avaliação, seja em termos de conteúdo ou de ser benéfica ou não para aquele a quem se destina. As pessoas nem sempre estão prontas para receber comunicações do além túmulo com aceitação e serenidade. Veja o nosso Chico Xavier, mesmo depois de receber centenas de cartas de jovens desencarnados tentando confortar seus familiares, com detalhes inquestionáveis atestando sua veracidade, um dia recebeu uma cusparada no rosto ao entregar uma mensagem, depois de lida, para a mãe atormentada e que ali fora exatamente em busca do que lhe era repassado. E com seus inúmeros escritos iniciais, enchendo uma caixa inteira, de Emmanuel, recebeu com tristeza a recomendação de que queimasse tudo, pois até aquele momento, aquilo era apenas treinamento. Então, raciocine, estude, medite. O dirigente de seu grupo está cuidadoso, inclusive consigo, no sentido de preservá-lo de eventuais situações indesejáveis e prejudiciais. Um outro aspecto que é preciso considerar é com relação a mensagens relacionadas com pessoas de nosso conhecimento. Ora, em geral, se temos apreço por elas, é natural nos preocuparmos com os problemas ou comportamentos eventualmente não recomendáveis que adotam. Em consequência, é sempre bom considerarmos a possibilidade de uma boa parcela de animismo nas mensagens que lhes são dirigidas. E fique certo: nós não mudamos os outros. Podemos aconselhar, quando surge a oportunidade, orar por eles pedindo que sejam inspirados pelos bons espíritos em suas decisões, dar-lhes exemplos de boa conduta, mas, não podemos tirar-lhes o livre arbítrio ou assumir a responsabilidade pelo que semeiem de danoso para si mesmos.

Ele ficou me olhando pensativo por alguns instantes sem nada me dizer. Então prossegui.

– Considere, Romulo, você está no começo. O mais importante agora é se aprofundar nos estudos e nas orações, procurando criar um clima de harmonia com seus protetores e mentores espirituais. Hoje em dia, temos uma facilidade imensa para nos orientarmos no exercício da prática mediúnica com segurança e realmente a serviço do próximo, encarnado ou não. É só acessarmos os sites da FEB e da FEP e iremos encontrar inúmeras excelentes palestras com essa finalidade. Deixe ao dirigente de seu grupo o trabalho de análise e avaliação das mensagens que receber. Se houver algo que precise de fato ser divulgado, ele trará ao nosso conhecimento e, assim mesmo, não iremos resolver sozinhos. O assunto será colocado para apreciação na Comissão Doutrinária e seguirá em frente de acordo com o que vier a ser resolvido. E não se preocupe com os outros, tentando resolver-lhes os problemas ou antecipando-lhes o futuro. Não é esta a nossa tarefa. Até mesmo Jesus não alterava o comportamento moral dos que o procuravam. Dava-lhes estímulo curando-lhes as doenças, orientações e conselhos, mas se entristecia ao saber que depois de terem os seus pedidos atendidos, muitos deles se enveredarem por caminhos escabrosos, dando mostras de nada terem assimilado de seus ensinamentos. Ainda não tinham amadurecido o suficiente para entender e praticar seus ensinamentos.

– De fato, percebo que perto dos grandes médiuns de nosso tempo, estou mesmo apenas engatinhando – atalhou Romulo com semblante de preocupação e tristeza.

– Por isso, paciência e disciplina. Repisar ensinamentos, quantas vezes forem necessárias para nos libertarmos de quaisquer sentimentos de orgulho ou vaidade. Lembre-se sempre: somos apenas médiuns, intermediários. Tudo que vier por via mediúnica, não é nosso; é dos espíritos que nos utilizam, e que seja sempre para o bem. Com nossos parentes, amigos ou conhecidos, há muita coisa que pode ser repassada sem necessariamente afirmar que foi devido a alguma mensagem que recebemos. Se a pessoa, por exemplo, é muito afoita ao volante, se abusa de alcoólicos, se não tem consideração com o sexo oposto, se não tem os devidos cuidados com a saúde e com sua própria integridade física, se exagera em lamentações pela perda de um ente querido e assim por diante, quando surgir a oportunidade, comente ou conte algum caso no sentido de alertar de forma indireta para as possíveis consequências danosas daquele comportamento inadequado. E, se ela tiver ouvidos para ouvir, começará, talvez, a meditar sobre o assunto...

– Pode me passar indicações das palestras que mencionou?

– É claro; mando por e-mail algumas. As outras você irá descobrindo por conta própria...

– Obrigado seu Anselmo, pela paciência em me ouvir. Agora me desculpe, mas vou andando que já está na hora de nosso estudo.

– Tudo bem Romulo! Vá com Deus e que Ele o abençoe sempre!

Depois desse encontro, aos poucos nosso amigo começou a se tornar menos impetuoso e mais comedido com as mensagens que recebia. E as informações que nos chegaram do grupo foram de ter se transformado em um excelente médium em apoio aos desencarnados que se manifestavam em busca de ajuda.

Mais equilibrado, passou a colaborar no reequilíbrio dos outros lá do outro lado da vida!

06 – A ILUSÃO DA MENTIRA

Atualmente a prática da mentira parece ter se generalizada a tal ponto que mesmo pessoas intelectualmente bem preparadas sentem dificuldade em identificá-las. E, com as facilidades de divulgação oferecidas pelas modernas tecnologias, a cada dia se torna maior o perigo de tomarmos como verdades, informações inverídicas, aparentemente apregoadas com boas intenções. Mesmo quando nos chegam por intermédio de pessoas conhecidas e honestas, mas que caem nas armadilhas dos maus intencionados.

Ficamos impressionados com as epidemias que volta e meia aparecem para nos assustar, mas, não nos damos conta desse comportamento nefasto que grassa em meio à sociedade como uma de suas piores pragas. Mente-se nos relacionamentos humanos mais corriqueiros, mas, também em todas as demais atividades: políticas, profissionais, econômicas, artísticas, científicas ou religiosas.

E, como seria de se esperar, acaba afetando pesadamente os mais jovens. Se os adultos convivem com tudo isso de forma tão natural, porque não fazer o mesmo? Se mentindo posso conseguir o que quero...

Foi o que veio à baila em um dos nossos atendimentos. Mãe e filha foram-me conduzidas para conversarmos. Melinda, a mãe, uma senhora com pouco mais de trinta anos, agitada e falante; Gabi, a filha, adolescente, de quatorze anos. Aparentemente, tímida, como se procurando esconder de olhares, do clima de repreensão que sobre ela pairava.

— Boa noite, sejam benvindas! Meu nome é Anselmo e fiquem à vontade. Estamos aqui à disposição para ajudá-las, se for o caso, ou prestar as informações ou explicações que julgarem necessárias.

— Boa noite, seu Anselmo. Meu nome é Melinda e esta é a minha filha Gabi.

— Linda garota, meus parabéns!

— Sim, seu Anselmo, mas como me dá trabalho!

— Ora, filhos são para isso mesmo: para nos darem trabalho, para nos encherem a vida! E um dia virão os netos, quando nossas preocupações para eles se transferem... Sem eles, os filhos, a vida pode se tornar vazia demais. Mas, qual a motivação para nos visitarem nesta noite? São espíritas ou já frequentaram algum outro Centro?

— Não, seu Anselmo. Moramos bem pertinho, passamos com muita frequência aqui na frente, mas foi só depois de conversar com uma de minhas amigas, frequentadora daqui que me resolvi a fazer uma visita. Sou católica, meu marido evangélico, mas, nenhum dos dois realmente praticantes.

— E o que vem acontecendo para nos procurar...

— Muita briga, discussões, principalmente entre nós duas. Já não consigo mais acreditar em nada do que me fala a Gabi. E minha amiga, Laura, disse-me que neste clima de constante conflito podem estar ocorrendo influências espirituais e que talvez vocês pudessem nos ajudar...

— Bem, Melinda, pelo que a Doutrina Espírita nos

esclarece, em toda situação semelhante a que está nos relatando, é quase certa a presença de influências espirituais se aproveitando para intensificar os problemas. Mas, para administrar bem a situação, é conveniente abordar o assunto da forma mais ampla possível. O primeiro é no aspecto psicológico de maneira a entendermos o que está provocando tais discussões, tanto da sua parte, em termos de cobranças, compreensão, tolerância, como da parte da Gabi, procurando entender, da mesma forma, as razões de suas preocupações e quais as melhores e mais recomendáveis maneiras de se defender ou se explicar. Por isso, consultas a um psicólogo podem ajudar bastante e, talvez, até também a um psiquiatra, caso seja constatada a necessidade de ser administrado algum medicamento para acalmar os ânimos. E isso não é para assustar, ou sugerir a possibilidade de qualquer distúrbio ou doença, mas apenas para alertar quanto à fase que a Gabi deve estar passando, na puberdade, quando essa ajuda pode com frequência ser necessária.

– Já pensamos nisso, seu Anselmo, e estamos com consulta marcada para a próxima semana.

– Ótimo! Uma boa abordagem psicológica do problema, de ambas as partes, contribuí para que as discussões diminuam e os nossos pensamentos possam ser direcionados para um clima de maior harmonia. As influências espirituais indesejáveis, quando ocorrem, é porque encontram sintonia com os pensamentos que estamos cultivando. Se for em clima de constantes conflitos, encontram campo aberto para os intensificarem ainda mais. Os espíritos atuam sobre nós em função dessa sintonia que encontram em nossos pensamentos e sentimentos. Razão pela qual devemos ter cuidado de maneira a aprendermos a atrair apenas bons espíritos, que sejam realmente nossos amigos e que possam nos ajudar.

Percebendo certa contrariedade, dúvida e descrença nas expressões da jovem Gabi, parei por alguns instantes com as explicações, matutando alguma maneira mais adequada para prosseguir.

– Sabe, Gabi, todos nós passamos por diversas fases na vida. Cada uma com determinadas características. Uma delas é quando começamos a firmar nossa personalidade, na transição para a fase adulta, quando é normal reagirmos a ordens ou recomendações, na presunção de já termos condições para fazer com acerto nossas próprias escolhas ou decisões. É quando começamos a ouvir ou afirmar que ninguém manda na gente. No entanto, para que possamos viver em harmonia na sociedade, não há como não aceitarmos e obedecermos às regras de conduta por ela estabelecidas. E convém considerar que é bem mais saudável aprender também com as experiências dos outros, do que passar por maus momentos simplesmente ignorando-as. E, os mais velhos, em especial nossos pais, já viram, viveram ou aprenderam, para perceberem quando estamos nos encaminhando para dificuldades que podem ser evitadas. Quando fazem recomendações ou alertas, não é porque querem mandar na gente, mas porque querem o nosso bem. A falta de entendimento desse aspecto de nosso relacionamento, pode nos levar a reações de defesa contra as recomendações que nos fazem e à prática de mentir sistematicamente, tentando enganar quem nos aconselha nesse ou naquele sentido.

– E aí é que mora o perigo – prossegui, depois de mais uma pausa. – Pois o outro aspecto que aprendemos é que todos nós, mesmo de forma inconsciente, estamos sempre conectados pelo pensamento. Quando mentimos, ficamos na ilusão de que a verdade ficará oculta, pois, o lado oposto, mesmo aparentemente acreditando na mentira, terá inconscientemente a percepção da realidade, gerando um clima de desconfiança no relacionamento. E é este clima mental negativo que abre as portas para as influências espirituais perniciosas. É quando a gente pensa que ninguém manda em nós, mas, sem perceber que podemos estar servindo de marionetes pelos maus espíritos que podem estar nos assediando.

Era quase evidente a incredulidade das duas, em especial da garota Gabi, em atitude de desatenção e menosprezo. Por alguns momentos fiquei a matutar como conseguiria despertar-lhe pelo menos a curiosidade.

– Nenhum comentário ou pergunta? Eu poderia, para abreviar nossa conversa, ir direto à recomendação de um tratamento espiritual. No entanto, se não conseguirem compreender e nem aceitar nossas explicações do que pode estar acontecendo, do ponto de vista espiritual, o resultado será praticamente nulo. É como quando vamos a um médico em busca de ajuda. Ele nos passa a receita dos remédios, mas temos de fazer a nossa parte e tomá-los adequadamente, exatamente conforme suas prescrições. Nossos amigos e protetores espirituais, para nos ajudarem, precisam de nossa colaboração. É imprescindível nos tornarmos receptivos às suas influencias, pois, em caso contrário, se continuarmos em clima de incredulidade e reação, criamos em torno de nós como a carapaça de uma tartaruga. Por mais que se esforcem, as boas vibrações não conseguem chegar até nós.

– Realmente, seu Anselmo, estou percebendo que eu e meu marido estamos falhando com a Gabi, pois nunca demos a devida atenção aos aspectos espirituais e religiosos. Cada um com a sua, sem muita convicção, e ela sem nenhuma. Daí, a nossa incredulidade e dificuldade em entender o que está nos dizendo.

– Sabe Melinda, vamos fazer o seguinte, se concordar. Não será preciso que acredite. Pense apenas na possibilidade de receberem ajuda. O Espiritismo não tem o objetivo de conquistar adeptos de outras religiões. Se alguém se satisfaz com a que professa e consegue ser uma boa pessoa, que fique com ela. A melhor religião, para cada um de nós, é sempre aquela que nos faz melhor. Vou anotar seu nome, de sua filha, e de seu marido, e endereço, para ficarem por algum tempo na listagem de nossas orações e irradiações. Em complemento, uma receita bem fácil, ver alguns filmes juntos. Um envolvendo uma família católica: "Minha vida na outra vida"; outro, uma família evangélica: "O céu é de verdade"; e mais: "Ghost", "O sexto sentido" e "Os outros". Creio que todos podem ser encontrados no Youtube ou na Netflix. Se depois disso sentirem curiosidade, voltem a nos procurar. Cada um desses filmes vai lhes passar um pouco do que poderemos conversar mais tarde.

– Outra recomendação que considero importante é que procurem se dedicar um pouco mais, em família, ao aspecto religioso. Se, não em suas respectivas igrejas, que seja em casa mesmo. Nós espíritas recomendamos a realização, pelo menos uma vez por semana, do Culto do Evangelho no Lar. Algo simples e curto, de quinze minutos a meia hora no máximo: uma leitura de ambientação, uma oração inicial, leitura e comentários de um trecho do Evangelho. e uma prece de encerramento. Perceberão que o ambiente em casa irá se desanuviando aos poucos. E veja, também, se consegue colocar a Gabi em alguma atividade religiosa de evangelização em suas igrejas, ou, se quiser, aqui conosco. Junto com jovens da mesma idade, esse trabalho de evangelização, além de ser extremamente importante, fica bem mais atraente e prazeroso.

******

Passados alguns meses, comentaram comigo ligeiras dificuldades na turma de evangelização de jovens, onde uma das novas inscritas se manifestava um pouco mais contestadora que o normal. Fiquei surpreso, pois era a Gabi. Seus pais não apareceram mais no Centro, mas ela aos poucos foi se entrosando cada vez mais com o grupo, tornando-se assídua, bem mais tranquila e até divertida.

Um dia em que nos encontramos ocasionalmente, anos mais tarde, ela me abordou em clima de confidência e me disse ao ouvido:

– Sabe, seu Anselmo, lá em casa, agora, quem comanda o Evangelho no Lar sou eu...

E se foi com um aceno alegre e sem me dar tempo para resposta...

07 – ANSIEDADES POLÍTICAS

Bernardo Palladino, era um frequentador das palestras e passes do Centro há muitos e muitos anos, mas sem nunca ter efetivamente se engajado em suas atividades e estudos. Simpático e tranquilo, gostava de trocar ideias sobre os problemas da atualidade, em especial, os da área política e dos maus costumes que nela vicejam.

E, em uma destas ocasiões, vendo-me ainda livre na recepção da Casa, aproximou-se com sua maneira sempre alegre e animada:

– Boa noite, seu Anselmo! Ainda não o caçaram para algum atendimento?

– Boa noite Bernardo! Bom sinal, não é mesmo? Clientela ausente; então está tudo nos conformes...

– Nem tanto, seu Anselmo! O céu não está para Brigadeiro... Podia roubar um pouco de seu tempo?

– Ora, porque não? Vamos lá para o meu recanto favorito...

E no caminho lá foi ele desfiando suas preocupações:

– Estou vendo a situação atual com muita preocupação, seu Anselmo. Do jeito que as coisas estão se encaminhando, estou prevendo tempos muito complicados. Como é que pode, depois de tudo o que presenciamos, levando a condenação de tantos corruptos, ver agora uma virada no sentido contrário? Os mais do que comprovadamente culpados por malversações e desvios milionários a se transformarem em vítimas, querendo julgar e condenar os que, mal ou bem, tanto se esforçaram para colocar as coisas em ordem? É realmente um retrocesso que não consigo compreender e nem aceitar...

– Estudo e paciência, meu caro. De alguma forma, cada um de nós que está sendo atingido por esses mal feitos, tem alguma responsabilidade em suas origens, lá em passados distantes.

– Tudo bem, mas, e quem não tem?

– Se estamos aqui, em meio a este ambiente aflitivo, pode ter certeza de que alguma razão existe. Vai ser difícil encontrar alguém que tenha vindo para este nosso mundo por engano. Mas, ainda que ache alguém assim, sem nada a aprender e sem qualquer responsabilidade a corrigir ou resgatar, então aqui está em missão, para contribuir no aperfeiçoamento da sociedade, aquela ideal onde possa reinar a fraternidade e o amor recomendado já há dois mil anos por Jesus...

– É difícil de aceitar, seu Anselmo!

– É porque temos pressa, Bernardo. E a pressa é inimiga da perfeição. No meio militar, inclusive, fazem chacota com os integrantes da Cavalaria, a arma ligeira: a que faz tudo rápido e mal feito...

Depois da brincadeira para amenizar o ambiente, prossegui:

– Precisamos entender que toda a humanidade terrestre está inserida em um processo evolutivo, intelectual e moral, coletiva e individualmente. Aquilo que ansiamos com tanta preocupação, está sendo lentamente conduzido pela Espiritualidade Maior de uma forma segura e tranquila, respeitando o livre arbítrio e a responsabilidade de cada um de seus integrantes...

– Mas, qual a razão de tanta impunidade?

– Temos de nos lembrar, conforme a Doutrina Espírita nos ajuda a entender, que um período de vida terrena é nada mais que um piscar de olhos em relação à abundância de vida prometida por Jesus. Do ponto de vista coletivo, as coisas vão se arrumando de uma forma muito mais lenta do que aquela por nós tão ansiada individualmente. Se meditarmos sobre o que encontramos na Codificação Espírita e nos últimos livros do espírito Manoel Philomeno de Miranda, pela psicografia de Divaldo Pereira Franco, sobre a transição planetária de nosso mundo, atualmente de provas e expiações, para outro mais evoluído, de regeneração, vamos começar a entender melhor o que está acontecendo. Estamos, de fato, em meio a este período de transição, em que grande parte da humanidade mais ignorante em relação às verdadeiras finalidades da vida, ainda completamente emaranhada em suas ilusões de benesses às custas de sofrimentos alheios, se debatem nas suas derradeiras oportunidades de mudanças morais para melhor. E os que agora estão a sofrer sob o ambiente asfixiante que parece envolver toda a Terra, entre os quais, cada um de nós, têm sempre sua parcela de responsabilidade. De alguma forma estão apenas a colher o que andaram, ou andamos, plantando ao longo dos milênios de explorações humanas dos mais variados matizes. É só meditar um pouco, Bernardo. As leis da sociedade humana sempre foram estabelecidas pelos mais fortes, para impor algum contexto de ordem, protegendo seus direitos e em princípio, mas apenas supostamente, também protegendo os mais fracos e desfavorecidos. E isso foi evoluindo e melhorando a passos lentos ao longo da História. Dessa forma, desde a mais remota antiguidade, chegamos onde estamos agora, inegavelmente, em muito melhores condições. Entretanto, mesmo com todo esse progresso, quantos foram os séculos de escravidão, sob a tutela de leis humanas, ou melhor dizendo, de leis desumanas... Mesmo em tempos mais recentes, quantos holocaustos não ocorreram sob as mais estapafúrdias justificativas. Insanos levados a inconcebíveis posições de poder, a maioria das vezes, valendo-se de leis, mal ou bem, estabelecidas pelas próprias sociedades que acabaram os aceitando, sofrendo e participando de suas loucuras. É o que estamos vivenciando agora, colhendo o resultado de nossas sandices do passado. Pode ter certeza disso.

– Pois é, seu Anselmo. Entendo que devemos estar colhendo nossa semeadura lá de muito longe, mas temos de fazer alguma coisa. Não é possível que tudo continue como está, com tanta desesperança. Já não sabemos mais em quem acreditar; é um clima de corrupção generalizada em toda parte. Parece que nada se salva. É mentira para todo lado. Agora, até nos tratamentos de saúde ficamos a duvidar, se estão realmente tentando nos curar de nossos achaques ou nos conduzindo gentilmente lá para a terra dos pés juntos... Como estamos, seu Anselmo, só mesmo partindo para a briga contra essa gente, poderemos ter alguma esperança de mudanças para melhor!

– Muita gente pensa assim. No entanto, bem sabemos que pela violência estaremos apenas plantando mais violência à frente. Veja a revolução francesa do século XVIII: começou sob os ideais de liberdade, igualdade e fraternidade, descambando logo em seguida para os terríveis banhos de sangue da guilhotina. Há necessidade de mudanças, sem dúvida. Mas temos de fazer o possível para que isso possa ocorrer da forma mais pacífica possível. Cada um daqueles que agora nos exploram de alguma forma, é também nosso irmão, um filho de Deus ainda emaranhado pelas ilusões da vida. Na verdade, não sabem o que querem, não sabem o que fazem, não sabem o que os espera. Acreditam serem suficientemente poderosos e espertos para se safarem de quaisquer consequências danosas em razão dos atos que praticam. No entanto, podem, de fato, se safar da justiça humana, mas, da Divina, que está inserida na consciência de cada um deles, não escaparão jamais. Porque, para eles, a falta do cumprimento das Leis Divinas, constituirá um bloqueio intransponível para poderem prosseguir na jornada evolutiva intelectual e moral. E por mais que demorem a entender, um dia despertarão para a necessidade de pagar e resgatar cada centil dos males que tiverem provocado, por si mesmos, ou induzindo os outros desafortunados que lhes caíram nas garras.

Mostrei-lhe então um livro que vinha relendo e prossegui:

– Creio que andaram me cutucando sobre esta conversa que teríamos hoje. Por acaso, neste livro do espírito Manoel Philomeno de Miranda, pela psicografia de Divaldo Pereira Franco, "Mediunidade: desafios e bençãos", ainda ontem sublinhei um trecho que se encaixa no que estamos conversando. É do capítulo 2, "Sofrimentos morais no além-túmulo", em que aborda o tema "Remorso e loucura".

Em resumo, comenta os sofrimentos enfrentados do outro lado da vida pelos autores de ideias que espalharam de forma inconsequente, por motivações ilusórias, ignorando a espiritualidade do ser humano e suas resultantes nefastas, ao induzirem sua adoção por mentes ainda sem capacidade de avalição quanto à sua veracidade ou acerto.

Fechei o livro, ante o seu silêncio e prossegui:

– De fato, é normal ficarmos escandalizados e revoltados com tanto desapreço pelas normas naturais que conduziriam a sociedade a um estado de real fraternidade, igualdade e liberdade. O sentimento generalizado que estamos cultivando no momento é de que toda a nossa estrutura social está apodrecida, infestada por criminosos que assumiram as estruturas do poder, utilizando de todos os meios possíveis para continuarem a enganar e explorar os que lhes caíram sob domínio. No entanto, ao lermos um trecho como este, percebemos o quanto estão enganados. Pois não são totalmente destituídas de razão as histórias dos infernos mitológicos e dantescos, não é mesmo? Os infernos, meu caro, estão dentro de nós, prontos para se tornarem realidade, se os estivermos construindo a partir dos tijolos de maldade que estivermos agora assentando... Condenemos, não as pessoas maldosas, mas os atos equivocados que praticam. Tal como na recomendação evangélica: "condenar o pecado, não o pecador".

Ficamos alguns instantes a olhar um para o outro, ele com semblante um tanto desconsolado e, eu, sondando seus pensamentos...

– Sabe, Bernardo, lá nos tempos de faculdade, que já se vão muito distantes, andei estudando os sistemas que são muito utilizados, inclusive, para direcionarem os grandes foguetes nucleares ou mísseis de guerra aos seus objetivos, fixos ou furtivos, tornando-os capazes de se reorientar durante o trajeto, de maneira a irem automaticamente corrigindo a rota, em função dos desvios que possam ocorrer durante o percurso. Chamam de sistemas auto realimentados: dos estímulos externos e instruções que recebem e armazenam, resultam ações de saída e, uma parcela de cada uma delas retorna para a entrada de

78

maneira a ser analisada e checada se a direção em que prossegue está ou não correta e se precisa ou não ser corrigida.

Dei mais um tempo, ante o olhar interrogativo, e continuei:

– Em nossa consciência Deus nos disponibilizou um sistema similar, na certa, muito mais aperfeiçoado e eficiente do que este que agora utilizamos no mundo material para nos agredirmos. Do ponto de vista físico, no organismo dos seres vivos, em especial nos predadores aos perseguirem suas presas, podemos observar todo um conjunto de habilidades e manobras de constante correção de rumos para chegarem à conquista de seus objetivos. Mas isso tem de ser visto e compreendido também dentro de um contexto muito mais amplo, de reencarnações sucessivas, de entendimento de qual seja verdadeiramente a finalidade da vida. Pois, de cada ação por nós praticada, de alguma forma, mais cedo ou mais tarde, ainda enquanto encarnados, nos estágios intermediários lá no mundo espiritual, ou em futuras reencarnações, alguma parcela daquela ação sempre retornará para nós mesmos de maneira a podermos verificar e sentir qual foi o seu resultado, benéfico ou não, nos que lhes foram objetos. E seremos nós, tal como o foguete a carregar armamentos, que teremos de verificar se estamos mesmo no rumo certo, necessitando ou não de correção, para chegarmos ao nosso destino. A única diferença está no objetivo que, para bom entendedor, evidentemente, não deve ser explodir seus adversários...

– Por isso, meu caro, vamos nos vestir de paciência – continuei. – Jesus está esperando há mais de dois mil anos que compreendamos, assimilemos e vivamos seus ensinamentos. Vamos fazer a nossa parte. Cada um na tarefa que lhe foi confiada e para a qual esteja preparado. Para nós, existe um trabalho imenso que já foi rotulada como a maior caridade que podemos fazer e que a humanidade tanto precisa: a divulgação da Doutrina Espírita. E, para isso, precisamos nos aprofundar nos conhecimentos do que seja realmente a vida. É por isso que o estudo da doutrina tem sido enfatizado no Movimento Espírita nos últimos anos. É a partir desse conhecimento que começamos a administrar melhor a vida, entendendo os problemas que nos rodeiam e nos convencendo que temos mesmo é de realmente aplicá-los em nossas respectivas áreas de atuação. Ainda que seja na Política... E, quanto aos corruptos e maldosos, cada um, no seu devido tempo, haverá de colher seus resultados...

– Você fala isso com tanta convicção – retrucou Bernardo –, mas não consigo me convencer de que nada podemos fazer. Tem muita coisa errada neste nosso mundo e aqui no Brasil então é uma lástima. Como é que pode mandarem soltar criminosos perigosíssimos, mafiosos, traficantes, corruptos condenados ante uma enxurrada de denúncias, delações e provas irrefutáveis... Não, seu Anselmo, algo tem de ser feito, mesmo que tenha de ser pela força! O que será de nossos filhos e netos? Nós, em mais alguns anos, com certeza, já não estaremos mais aqui. Mas, veja o que aconteceu na Rússia, na China, nas grandes guerras do século passado, em Cuba, agora, na Venezuela, de um momento para o outro, na falta de providências corretas e adequadas, vieram as tragédias dos confrontos a ceifarem milhões de vítimas... E isso pode acontecer também por aqui, pode ter certeza.

– Meu caro, focando as coisas, do ponto de vista exclusivamente terreno, você está forrado de razões. Entretanto, brinco sempre que é essencial filosofarmos um pouco a vida. Sem uma boa base filosófica, ficaremos eternamente nos debatendo e digladiando uns com os outros. Precisamos ver tudo isso do ponto de vista coletivo. Nada do que nos acontece deixa de ter alguma razão, alguma finalidade útil. Se nos lembrarmos das barbaridades cometidas no passado, onde com toda a certeza, podemos ter tido participações ativas, podemos deduzir sem grande esforço as razões de nossas contrariedades de agora. Estamos colhendo o que plantamos, Bernardo.

– Raciocine com o que estamos constantemente a apregoar em nossas palestras – prossegui. – Jesus é o nosso modelo e guia, não é mesmo? Para melhor compreender o que se passa, vamos imaginar o que Ele faria se estivesse fisicamente convivendo conosco na presente situação. Será que adotaria a opção de resolver os problemas que enfrentamos usando meios violentos? Quando esteve entre nós ao seu tempo, as coisas eram muito piores. Escravidão, miséria, doenças, injustiças, crueldades, total submissão aos conquistadores, sem qualquer possibilidade de reclamações. A Paulo de Tarso, por exemplo, judeu fervoroso, mas que, mesmo sendo reconhecido também como cidadão romano, ao ser condenado à pena máxima, seu único direito foi de morrer decapitado... Os judeus esperavam ansiosamente pela vinda do Messias como uma personalidade poderosa que os libertaria do jugo da grande potência daquele tempo. Por isso mesmo, não reconheceram Jesus como o prometido Messias das profecias de suas escrituras...

– E, a propósito, me espere somente um instante que vou pegar outro livro de Joanna de Ângelis, "Dimensões da verdade", pela psicografia de Divaldo Pereira Franco, onde tem um capítulo – "Não ditos e não feitos" –, que praticamente complementa tudo o que estamos conversando.

Pouco depois retornei à saleta já com o livro aberto no capítulo 2 que havia mencionado, apontando-lhe o trecho para leitura:

— Leia você mesmo, se não se importa...

— Tudo bem, vamos lá estudar um pouco...

Ao terminar a leitura, que relembrava as ocorrências e atitudes de Jesus ante seus algozes, Bernardo ficou algum tempo meditativo, como que organizando as ideias sobre o que iria comentar.

— É, seu Anselmo, pelo que a espiritualidade nos orienta, os caminhos mais adequados não são os que estamos tão ansiosos para nos enveredarmos...

— A violência nada resolve de forma duradoura; apenas semeia novos conflitos mais à frente. Mas, isso não quer dizer que tais alternativas não venham a ser adotadas. Infelizmente, ainda prevalece na sociedade contemporânea, de ambos os lados em confronto, a tendência a se impor pela força. Mas, também não quer dizer que tenhamos de permanecer inertes e omissos. Se os conflitos se desencadearem, fatalmente seremos todos envolvidos e o nosso papel, como espíritas, será de agirmos como pacificadores, fazendo tudo o que estiver ao nosso alcance para aliviar os sofrimentos desencadeados.

— É muito importante entendermos o processo evolutivo em que estamos inseridos. Do ponto de vista individual, é normal termos pressa e, de fato, podemos acelerar se compreendermos os caminhos mais adequados que temos de trilhar. No entanto, com a coletividade, a situação é diferente, porque depende do número de pessoas que conseguem a mesma compreensão, ou seja, que conseguem adquirir e aceitar os conhecimentos necessários, em especial, sobre a realidade espiritual do ser humano. Um conhecimento que não pode ser inserido nas pessoas contra a sua vontade. Para que possam construir sua individualidade de forma sadia, precisam agir com livre arbítrio, de maneira a constatarem por si mesmos os resultados benéficos ou não de suas ações, para si e para os outros, até finalmente conseguirem entender e aceitar suas responsabilidades, com as consequentes necessidades de corrigir e reparar o que tenham realizado erroneamente ao longo de suas vivências no mundo material ou na erraticidade espiritual. É a razão da necessidade de termos mais tolerância e paciência no que se refere à evolução coletiva da humanidade.

– Meditemos um pouco – prossegui. – Volta e meia estamos a afirmar a tendência de nos deixarmos levar pelos instintos herdados da animalidade. Ora, se observarmos a natureza, notamos o natural conflito entre os predadores e suas presas; o predador a usar e desenvolver seus instrumentos corporais de maneira a conseguir capturar suas presas, com astúcia e violência; as presas a desenvolverem ao máximo suas capacidades de percepção dos perigos e de fuga aos ataques. E, ambos os lados, no fundo, em meio a este permanente conflito, colaborando mutuamente para desenvolverem a inteligência e habilidade para se manifestar cada vez com maior poder de interferência no mundo material. Mas, só no estágio humano é que o ser adquire a capacidade de compreender os aspectos espirituais da vida, a existência de uma Inteligência Suprema criadora de tudo o que existe e, com a qual, terá necessariamente de se harmonizar ao máximo, como condição inquestionável para a conquista de plenitude e felicidade. Se pensarmos bem, vamos constatar que a História da humanidade vem sofrendo desde a mais remota antiguidade com a prevalência dos predadores, impondo pela força física ou pelas armas, inclusive no que se refere aos aspectos religiosos, os avanços em sua organização social. Na atualidade, parece que estamos vivenciando uma mudança para os instrumentos desenvolvidos pelas presas para conseguirem sobreviver: astúcia, disfarce, mentira, enganações... E, isso, a tal ponto que, mesmo em meio à enxurrada de notícias disponíveis, ficamos sempre na incerteza do que seja realmente verdade ou não. Ou seja, uso da violência e da astúcia, são estágios evolutivos. O próximo passo, que provavelmente conseguiremos atingir com o auxílio da espiritualidade, será o da sabedoria conquistada pela ampliação de nossos conhecimentos através do estudo... E por mais que estudemos, a cada dia aprendemos algo mais nos ensinamentos que a espiritualidade vem nos repassando...

– De nossa conversa – comentou Bernardo –, percebo que está delicadamente me empurrando para os grupos de estudo da Casa...

– Pode ter certeza que isso ajudará bastante na compreensão dos problemas que estamos enfrentando. E quanto mais compreensão, menores as ansiedades. Mas, é claro, isso depende de sua vontade e disponibilidade de tempo. Nada pode ser forçado, tudo vem no seu devido tempo. Vou lhe repassar por e-mail mais alguns textos que se encaixam muito bem no que conversamos nesta noite. E, quando quiser, estamos sempre por aqui.

– Tudo bem, seu Anselmo. A aula hoje foi longa, mas vou pensar em sua sugestão. Pode me mandar os textos e vou dar uma olhada na minha agenda para ver se consigo me ajustar em algum dos grupos de estudo. Fique tranquilo. Não gastou seu papo em vão...

08 – TORNOZELEIRA ELETRÔNICA

– Boa noite, seu Anselmo!

– Boa noite, Geralda! Tudo tranquilo? Alguém para atendimento?

– Pelo jeito, um especial para o senhor. Chegou com a indicação expressa de conversar consigo. Pensei em encaminhar para seu Fernando, mas, ele me pediu que, se possível, fosse com o senhor mesmo.

– Tudo bem. Pode trazê-lo até aqui. Já poderia até ter feito isso...

– É que achei meio estranho, pressentimento, talvez...

– Não se preocupe. Está tudo bem.

Pouco depois assomou à porta o consulente. Um homem alto, forte, vestindo sobriamente, semblante sério, mas, com sinais de preocupação e tristeza.

– Vamos entrar e seja bem-vindo à nossa Casa. Senhor...

– Dilermando. Muito prazer, seu Anselmo e obrigado por me receber.

– Já sabia meu nome, então alguém deve ter me recomendado ao senhor.

– Foi minha esposa Albertina. Ela passou a frequentar o Centro há algum tempo, está em um dos grupos de estudo e, pelo que conversamos, já falou a meu respeito com o senhor faz algum tempo.

– Acho que já faz mais de um ano – respondi. – Minha cabeça já não me ajuda muito com a memória, mas, creio que andamos marcando um tratamento espiritual para ela se fortalecer e enfrentar melhor os problemas da vida...

Eu me lembrava vagamente do caso. Ela com dois filhos e o marido preso por envolvimento em uma quadrilha de roubo de cargas rodoviárias. Pelas circunstâncias, tinha conseguido voltar a trabalhar como secretária em uma multinacional, mas ainda se sentia fragilizada e temerosa de não conseguir equacionar bem a vida.

– Pois é, seu Anselmo. Depois de três anos preso, estou em liberdade condicional, mas tendo de usar essa tornozeleira eletrônica – redarguiu mostrando o dispositivo afivelado em sua perna – e a Albertina está relutante em reatar nosso casamento. Não sei se ela lhe contou tudo o que aconteceu.

Parou um pouco, de cabeça baixa, a matutar como me passaria sua versão do que ocorrera.

– Realmente, fiz uma tremenda besteira. Na ocasião, desempregado, vivendo de bicos e procurando desesperadamente meios de sustentar a família, acabei aceitando o convite de um amigo para participar de uma operação que nos renderia um bom dinheiro, mas sem me explicar bem o que seria. Só já a caminho de nosso objetivo é que me dei conta da verdade, mas, em meio a um bando acostumado com o "trabalho" daquela noite, não dava mais para desistir. Meu amigo e outro comparsa que encabeçava a quadrilha, renderam o motorista da carreta e eu, incorporado ao grupo de apoio, os seguimos para o local da desova da mercadoria. Duas semanas depois fui preso, bem como o restante da turma e, só então, fiquei sabendo do assassinato do motorista. Embora inocentado de participação direta na morte do rapaz, acabei sentenciado a cinco anos de prisão. Ainda falta mais de um ano, mas acabei conseguindo esta condicional...

Parou um pouco o seu relato com um suspiro de desânimo e prosseguiu:

— Mas, não sei se fiz bem. Talvez fosse até melhor ter ficado preso mais algum tempo. As coisas estão muito difíceis e, se antes já era problemático conseguir algum trabalho, agora com essa tornozeleira será muito pior... Albertina não está acreditando em minha intenção de colocar a vida em ordem e eu mesmo, sendo sincero, não sei ainda como vou fazer isso. E foi ela que me sugeriu para vir aqui e conversar com o senhor... Ou melhor dizendo, exigiu, na esperança que me ajude a colocar as ideias em ordem...

— Caramba! – exclamei, tentando amenizar a conversa –, assim é muita responsabilidade! Mas, deixando a brincadeira de lado, vamos ver se conseguimos ajudá-lo. E fique certo de uma coisa: eu, como qualquer outro atendente da Casa, só faço alguma coisa com o concurso de nossos amigos espirituais. A gente quase sempre mal percebe a intuição que nos repassam, mas quando os resultados são positivos, o crédito é deles, sem dúvida. O simples fato de estar aqui já é uma confirmação do que estou dizendo, pois quando conversei com sua esposa, tempos atrás, sugeri que lhe repassasse mensagens espíritas e, quando fosse possível, que você viesse conversar conosco.

— De fato, ela me entregou algumas dessas mensagens... Lia sem muita atenção, achando interessantes e curiosas, mas sem entender onde ela queria chegar. Nunca fui de muita reza, seu Anselmo...

— Realmente estamos vivendo um tempo de muito foco nos aspectos materiais da vida. Não é só com você que acontece isso. Basta observar as barbaridades que acontecem a cada instante, e que a mídia tanto explora, para concluirmos que algo está faltando para acertarmos as coisas. Se pensarmos que, se tanta gente faz coisas erradas para levar vantagem, pelo menos na aparência, com sucesso, porque não lhes seguir o exemplo? Aos incautos, a resposta é lógica! Vamos fazer o mesmo, isso é até natural. Por isso, o que falta, não é só uma questão de educação técnica ou científica, que tanto discutem, mas de educação moral. E, esta, só se sustenta, ou se implanta naturalmente, a partir de uma filosofia de vida capaz de convencer as pessoas sobre os aspectos espirituais da vida. Presumo que você nunca raciocinou sobre isso, não é mesmo?

– Não, não... Sou muito objetivo e nunca considerei que isso poderia ajudar a resolver meus problemas...

– Então, vamos lá! Primeiro vamos raciocinar um pouco sobre seu envolvimento naquela ocorrência que acabou levando à sua condenação. Tenho certeza que você se preocupa com o bem estar de sua família e, imagino, que consiga entender a necessidade de um ordenamento da sociedade para que isso seja possível. São as leis estabelecendo direitos e deveres que, mal ou bem, precisam ser cumpridas por todos. E, infelizmente, isso não acontece. Como são falhas e, em alguns casos, até mesmo injustas, inclusive com lastimáveis desacertos jurídicos, sempre existem os que imaginam poder burlá-las sem quaisquer consequências desagradáveis. E é aí que mora o perigo, como se costuma dizer. Porque, como diz o ditado, "a justiça humana pode falhar, mas a Divina, jamais; cedo, ou tarde, a dívida terá de ser paga".

– No passado – continuei depois de uma breve pausa –, era o céu ou inferno para depois da morte. Mas, havia a alternativa do arrependimento, mesmo depois de uma vida inteira de desmandos e crimes; confissão, arrependimento, perdão e tudo ficava resolvido e em paz. No entanto, as coisas não são dessa forma realmente. Não há lógica e nem justiça nesta interpretação religiosa. E precisamos saber qual seja a realidade, não apenas com base em crença, mas em conhecimento e raciocínio. E é o que o estudo da Doutrina Espírita nos proporciona.

– Mas, qual a razão para terem tanta certeza de que as coisas são mesmo dessa forma e não como ensinam as demais religiões?

– Porque tudo no espiritismo é raciocinado. Os fenômenos relacionados com a espiritualidade humana vêm ocorrendo desde a mais remota antiguidade e em todas as partes do mundo. Mas só foram estudados com rigor e método a partir de Allan Kardec, na segunda metade do século XIX. Do estudo dos fenômenos e das comunicações dos espíritos, analisando o que recebia de diferentes fontes, obtendo a confirmação quando encontrava os mesmos conteúdos, foi deduzindo uma filosofia que se mostrava mais racional e lógica do que as defendidas pelas religiões tradicionais. Mas, isso você só vai conseguir entender melhor se se dispuser a realmente estudar os ensinamentos da doutrina. Agora, o que podemos é lhe dar uma tintura dos seus aspectos principais e no que mais interessa a considerar para o seu caso. Tudo bem?

– Tranquilo...

– Então, qual de nós dois é o mais velho?

– Bem, seu Anselmo, sem querer lhe ofender, creio que o senhor é bem mais velho do que eu...

– Tem certeza?

– Aparentemente, não tenho como imaginar que não seja assim...

– Pois é aí que você pode estar enganado. Se pudéssemos nos ver espiritualmente, a conclusão poderia ser muito diferente. E essa é a primeira ideia a considerar: nós somos espíritos utilizando temporariamente um corpo físico para nos manifestarmos no mundo terreno. Quando "morremos", o que morre mesmo, deixa de funcionar, é apenas o corpo. O espírito dele se liberta levando consigo tudo o que conseguiu adquirir intelectual e moralmente. E este processo, de vindas ao mundo terreno e retorno ao mundo espiritual, se repete muitas e muitas vezes. Tantas, quantas forem necessárias para progressivamente evoluirmos, adquirindo virtudes e nos libertando de nossos vícios ou imperfeições. É como se fosse uma escola. Vamos progredindo de acordo com nosso aproveitamento nos estudos, demonstrando condições para nos transferirmos para os níveis mais elevados. É o que denominamos reencarnação, bastante estudada na atualidade, inclusive, por inúmeros pesquisadores que não são espíritas e cada vez com mais numerosas comprovações de que é uma realidade em nossas vidas. É a razão da minha pergunta. Do ponto de vista espiritual, você pode ser muito mais velho do que eu... Dá para, pelo menos, tentar meditar um pouco em torno disso? Sou um espírito e, quando meu corpo morrer, vou ter de demonstrar, pelo que andei realizando na vida, que estou em condições de subir para um degrau mais elevado?

– É, no meu caso, acho que já posso ir me considerando um repetente incurável...

– Aí é outro engano. É como disse Chico Xavier: "Você não pode voltar atrás e fazer um novo começo, mas você pode começar agora e fazer um novo fim." E nos Evangelhos também encontramos na primeira epístola de Pedro (I Pedro, 4:8), "O Amor cobre uma multidão de pecados". Não adianta ficar alimentando sentimento de culpa; é preciso partir para a ação no bem, onde quer que seja e sempre que surja a oportunidade. Mas, o principal a ser entendido quando abordamos o fato de sermos espíritos em evolução, através de inúmeras reencarnações, é que cada um de nós está em um determinado estágio evolutivo, uns um pouco mais à frente, outros mais atrás, mas todos ainda sem condições de compreender em profundidade todas as questões em relação a Deus, Criador de tudo o que existe e Pai Amoroso de todos nós. Por isso mesmo, ao questionar o assunto, – Que é Deus? –, recebeu da Espiritualidade a seguinte resposta: "É a Inteligência Suprema, Causa Primária de todas as coisas."

Ante seu olhar quase a demonstrar falta de convencimento, sem me questionar, prossegui insistindo:

– Procure entender, do que conversamos até agora: a vida, meu caro, não é um parque de diversões; é uma escola que exige estudo, trabalho, esforço e provas para atestar o bom ou mau aproveitamento, não para quem quer que seja, mas para si mesmo. E é uma escola para aprendermos a amar, porque é somente amando incondicionalmente a tudo e a todos que conseguiremos nos realizar e conquistar a felicidade. Daí os ensinamentos de Jesus: "Amar ao próximo, como a si mesmo e, a Deus, sobre todas as coisas." Quando compreendemos melhor este e os demais ensinamentos evangélicos, percebemos que são para realmente serem observados no próprio interesse de quem executa qualquer ação. Porque temos de aprender a discernir com clareza se é ou não benéfica. Quando a pessoa prejudica alguém por motivo banal, sem qualquer justificativa, está demonstrando que não tem noção dos malefícios que está causando em sua vítima e em todos aqueles com as quais ela se relaciona. Em consequência, planta em sua própria consciência a necessidade de algum dia, quando já estiver devidamente preparado para assimilar o ensinamento do qual esteja carente, passar por uma experiência similar como vítima, de tal maneira a conseguir se conscientizar dos prejuízos e sofrimentos provocados em decorrência de sua ignorância.

Como meu atendido continuava com olhar entristecido de desânimo, prossegui em minhas tentativas de encontrar argumentos que lhe reanimassem um pouco.

– Veja, Dilermando, no conjunto de ideias que lhe repassei até agora, é importante entender o sentido educativo da vida. Vida que não se resume apenas nesta de agora, mas de todo uma série a encadear-se em ações e reações, imediatas ou de longo prazo. Já foram reportados por pesquisadores renomados, psiquiatras que trabalham com as denominadas terapias de vidas passadas, dramas ocorridos há séculos atrás, em que seus personagens só vieram a ser reunir novamente agora, com a finalidade de se acertarem, transformando ódios antigos em belas expressões de amor. Daí a necessidade de entender: plantar sempre o bem é a maior garantia de futuros felizes; já o oposto, semeando o mal, é a certeza de dores e sofrimentos mais à frente, físicos ou morais, para nos educarmos na capacidade de amar. De cada ação que estejamos com a pretensão de praticar é necessário sempre raciocinar com a reação resultante. E não apenas com a da pessoa que lhe foi objeto, eventualmente como vítima e nem sempre em condições de reagir como seria de se esperar. Mas, daquela reação educativa que ficará gravada em nossa consciência como necessidade indispensável para nos fazer retornar ao caminho correto e que

92

poderá não ser imediata, mas até mesmo depois de muito tempo, quando estivermos em condições de suportar e assimilar os ensinamentos nela contidos.

– Estou entendendo o que o senhor está dizendo. Mas, não, como pode ter tanta certeza de que as coisas realmente funcionam assim?

– Pelos ensinamentos que os espíritos nos repassam, contando suas experiências e seus conhecimentos. Isso, é claro, através de médiuns com capacidades reais de captação desses conteúdos, sem distorções ou enganações de qualquer natureza. O que significa aceitação apenas do que puder ser comprovado pela análise dos fatos e pela lógica. Uma das primeiras manifestações espíritas de grande repercussão, por exemplo, foram as presenciadas pelas irmãs Fox, nos Estados Unidos. O espírito que se comunicava importunando-as relatou ter sido assassinado na casa em que elas então residiam. Era um caixeiro viajante que ali se hospedara muitos anos antes, quando foi morto por seus anfitriões para se apoderarem de suas mercadorias. Muito tempo depois, quando tudo havia se acalmado e com os fenômenos até esquecidos, em uma reforma da casa acabaram encontrando, atrás de uma parede falsa, confirmando toda a história, o cadáver do infeliz. De Francisco Cândido Xavier, o mais admirado dos médiuns brasileiros, pela excepcional qualidade de suas obras, são inúmeros os indícios de absoluta veracidade de suas psicografias. Algumas, até com a caligrafia dos espíritos comunicantes, atestadas como verdadeiras por especialistas e aceitas como provas em julgamentos. Outras, informando detalhes desconhecidos, mas depois confirmados pelos familiares dos espíritos comunicantes.

– Enfim, Dilermando, para os céticos, por mais que se acumulem argumentos lógicos e racionais ou indícios, mesmo quando relatados por pessoas honestas e inteligentes, jamais serão suficientes. O importante é nos desarmarmos de preconceitos e nos dispormos a estudar com seriedade o assunto. Iremos verificar, por nós mesmos, que as coisas vão se encadeando em um conjunto de ideias e conhecimentos coerentes, que se ajustam e nos ajudam a administrar muito melhor os problemas que a vida coloca em nosso caminho. Até hoje, em quase uma vida inteira lidando com essas atividades, nunca encontrei alguém que tenha se dedicado com seriedade e persistência, sem se convencer da veracidade e utilidade dos ensinamentos repassados pela Doutrina Espírita.

– O senhor está me aconselhando, então, a estudar, é isso mesmo?

– Até agora já tocamos em vários dos temas básicos: Deus – Infinitamente Sábio, Amoroso, Misericordioso, Criador e Pai de todos nós; o ser humano, na essência, um espírito que sobrevive ao fenômeno da morte, mantendo sua individualidade; reencarnação, através da qual, ao longo de inumeráveis existências no mundo material, o ser humano vai progressivamente se aperfeiçoando intelectual e moralmente, e se liberando da ignorância e dos vícios herdados da animalidade. Agora falta tocarmos no assunto da comunicabilidade dos espíritos com os seres humanos encarnados, podendo interferir em nossas atitudes e decisões, tanto no bom, como no mal sentido. E isso é de extrema importância, particularmente, para as pessoas de maior sensibilidade, que podem cair nas malhas de espíritos atrasados e vingativos a nos induzir para alternativas totalmente errôneas. Muitas vezes topamos com pessoas orgulhosas de atributos que lhes conferem algum tipo de superioridade a apregoarem: "– Ninguém manda em mim! Faço o que bem entendo e quero ver

94

quem vai me impedir!" No entanto, ignoram por completo que podem estar fazendo exatamente o que espíritos de más intenções lhes sugerem

– Como pode ser isso? Já ouvi conversas desse tipo, mas sempre ficava em dúvida, rotulando como ingenuidade os relatos dos que acreditavam em tais histórias...

– As influências dos que já morreram sobre os que estão vivos, dentro dos esclarecimentos que a Doutrina Espírita nos proporciona, ocorrem pelo fato de sermos todos espíritos. Encarnados, quando revestidos por um corpo físico que nos possibilita atuar no mundo material; desencarnados, quando libertos dos laços que nos encarceram temporariamente neste nosso instrumento auxiliar de atuação. No entanto, sendo todos espíritos, estamos sempre com a possibilidade de intercambio de nossos pensamentos, desde que haja um clima favorável. É o que chamamos de sintonia, de forma similar a tentar manter conversação com alguém ou ouvir uma música em meio a um monte de gente gritando. Se prestarmos atenção, acabamos conseguindo isolar, filtrando apenas o que realmente nos interessa. Muitas de nossas ações equivocadas podem ter se iniciado ao nos sintonizarmos com os aspectos negativos da vida que estejam nos trazendo preocupações, como pode ter sido o seu caso quando teve a infeliz ideia de ir procurar o seu amigo assaltante...

– De fato, o senhor pode ter razão. Alimentava alguma dose de inveja dele naquela ocasião. Algo me cutucou para ir procurá-lo. Afinal, era sempre alegre, brincalhão, gastador inveterado e sem aparentar qualquer preocupação com problemas financeiros...

– Pois é isso Dilermando. Pode ter sido mesmo um empurrão maldoso de alguém lá do outro lado da vida. Mas, você ainda terá muito a aprender. Vou lhe passar uma receita, ou melhor, inscrever você para o Tratamento Espiritual que é realizado aqui no Centro. Procure fazer seguindo a orientação, assistindo e meditando sobre os ensinamentos que procuramos repassar nas palestras e procurando se convencer que é mesmo um filho de Deus e que Ele o ajudará a entender tudo o que se passou consigo e a superar suas atuais dificuldades. Mas, sem pressa, sem ansiedades... Quando pedimos alguma coisa, temos de dar algum tempo para que as condições necessárias ao surgimento das soluções mais adequadas se organizem, inclusive, conosco mesmo. Tudo bem?

— Tranquilo, seu Anselmo... Vamos ver se as coisas começam a tomar um rumo melhor em minha vida...

******

Três anos se passaram. Durante o período do tratamento que havia sido prescrito e, depois, esporadicamente, via Dilermando aparecer discretamente para as palestras e passes das terças-feiras. Tinha até me esquecido com o que ocorrera com aquela família, quando um dia ao encontrar sua esposa chegando no Centro, bateu-me a curiosidade:

— Olá Albertina! Há quanto tempo não nos falamos. E o seu marido como está? Mais tranquilo?

— Virou caminhoneiro, seu Anselmo! Uma semana em casa, um mês viajando... É quando o senhor talvez o tenha visto por aqui para assistir as palestras. Agora, eu continuo com o meu emprego e com ele trabalhando, as coisas ficaram mais equilibradas. No entanto, minha preocupação com ele é constante... Com certeza lhe contou porque teve de passar aquela temporada preso. Agora, corre o risco de lhe acontecer o mesmo e ele sabe muito bem disso. Mas, mudou bastante... Lá na firma onde trabalha se juntou a um grupo de amigos que atua dando apoio às famílias de caminhoneiros vitimados em assaltos ou acidentes. Um trabalho muito bonito...

– Diga-lhe que envio o meu abraço! E que Deus o proteja em suas viagens...

09 – VIOLÊNCIA MASCULINA

Este caso começou com uma solicitação, pelo site do Centro, de atendimento de assistência espiritual através de um contato telefônico. Escalado para a tarefa, depois de várias tentativas, finalmente consegui fazer contato.

– Boa noite! Senhor Baltazar?

– Sim, sou eu mesmo...

– Sou do Centro Espírita... O senhor solicitou um atendimento fraterno pelo site da Casa e eu fiquei encarregado de fazer contato consigo...

– Ah, sim! Nem sei onde estava com a cabeça quando fiz aquele pedido...

– Não está mais precisando, então?

– Não! É que minha vida anda tão conturbada que já nem sei mais o que faço ou o que preciso mesmo fazer para ajeitar as coisas...

– Estamos disponíveis para ouvir e, quem sabe, conseguir transmitir alguma ajuda neste sentido. O simples fato de desabafar um pouco quase sempre já contribuí para a própria pessoa vislumbrar soluções aos problemas que está enfrentando. Meu nome é Anselmo e já estamos há muitos anos como voluntário desta atividade em nossa Casa Espírita.

Como a resposta demorou um pouco, senti a relutância do atendido em prosseguir com a conversa.

– Olha, Sr. Baltazar, fique à vontade. Se quiser ligo outra hora ou, se preferir conversar pessoalmente, marcamos para um encontro lá na Casa Espírita. Poderá ser até amanhã mesmo, por volta das 19 horas...

Demorou mais alguns instantes, mas, com voz ainda hesitante, o solicitante começou a expor seu problema.

– Seu Anselmo, como a vida é complicada! Estou nessa ansiedade e confusão porque já estou no meu terceiro relacionamento amoroso, prestes a ser encerrado como os demais, infelizmente, depois de perder o controle de mim mesmo e bater em minha companheira... E as ideias que andam rondando minha cabeça não são nada boas. Sei muito bem disso, mas em contínuo conflito entre colocá-las ou não em execução. Ela acabou voltando para a casa de seus pais, não acredita mais em minhas promessas e não consigo me conformar com esta situação. Se continuar assim, provavelmente não vou me acertar com mais ninguém... As coisas se repetem sempre da mesma forma. Do nada, me irrito e quando percebo a besteira já foi feita e bate o arrependimento...

– Bem, Sr. Baltazar. Quando as coisas estão da forma como está contando, já é um bom sinal a pessoa perceber que precisa e busca por ajuda. No entanto, é sempre conveniente ver as coisas sob os três aspectos mais importantes: corpo, mente e espírito. Os dois primeiros da área dos psiquiatras e psicólogos, que não devem ser descartados. Em um primeiro instante, pode ser conveniente algum medicamento que nos ajude a voltar à calma para podermos raciocinar com mais tranquilidade e acerto. Se ainda não cogitou dessa providência, não a descarte. Com as tensões impostas a todos nós pela vida moderna, tão agitada e cheia de conflitos, é mais do que comum e natural a necessidade e conveniência de nos valermos dos medicamentos que a Providência Divina nos tem proporcionado através dos avanços da Medicina.

– De fato – retrucou Baltazar –, recebi de um amigo esta mesma recomendação, bem como, de procurar uma assistência espiritual no Centro em que o senhor trabalha. Foi ele que me indicou o site e a maneira de marcar um atendimento...

– Quanto ao espiritual – continuei –, que é o mais importante, porque é onde se originam todos os nossos problemas, será melhor conversarmos pessoalmente, se não se importa. No entanto, só o que nos contou é suficiente para a providência mais imediata, que é a de inscrevê-lo para um Tratamento Espiritual presencial em nossa Casa Espírita. Como tenho o seu e-mail, envio as instruções e amanhã, quando vier para conversarmos, esclareço suas dúvidas e, com mais detalhes, o que pode estar acontecendo e quais as melhores maneiras de ir administrando sua situação. O tratamento tem como objetivo sua harmonização e fortalecimento físico e espiritual e, quando é o caso, atuação sobre eventuais presenças espirituais provocando os problemas que está enfrentando. Tudo bem? Poderá chegar até o centro amanhã à noite?

– Tudo bem Sr. Anselmo. Estaremos lá amanhã...

*****

E cumpriu mesmo a promessa. No dia seguinte, logo ao ser aberta a porta de acesso do Centro, o senhor Baltazar já foi entrando a perguntar por mim.

Era um senhor de meia idade, por volta de seus cinquenta anos. Aparência agradável, bem vestido, fala tranquila... À primeira vista, ninguém imaginaria naquela figura uma pessoa irascível e violenta.

Geralda, foi que o recepcionou encaminhando-o até a saleta onde eu já me encontrava:

– Seu Anselmo, este senhor me disse que marcou um atendimento consigo...

– Tudo bem, Geralda, obrigado! Deve ser o senhor Baltazar com quem conversei ontem por telefone. Correto?

– Perfeito! Muito prazer, senhor Anselmo. E obrigado pela paciência que teve comigo ouvindo minhas lamurias.

– Nosso prêmio é o bem que possamos fazer auxiliando de alguma forma os que nos procuram. Cada vez que as coisas funcionam a contento, é como se ganhássemos na loteria... Fique tranquilo. Nada a desculpar ou agradecer. Tudo o que fazemos aqui é realmente de boa vontade.

– É o que nos recomendam nossos mentores da espiritualidade – arrematei –: *Se quiser ser feliz, se empenhe pela felicidade do próximo...*

– Mas, vamos nos acomodando, senhor Baltazar. Já conhecia aqui o nosso bairro?

– Sim, na minha profissão, como corretor de imóveis, preciso ficar bem ambientado com toda a cidade. Esta região é muito boa. É onde tenho feito ótimas intermediações.

– Presumo, então, por sua aparência, atitudes e pelo que já nos contou, que seu problema é mesmo na área dos relacionamentos afetivos. Sem dificuldades financeiras ou com a saúde.

– Financeiramente, de fato, não posso me queixar. Estou relativamente bem arrumado na vida. Saúde física – retrucou –, boa até demais. Mas, na mental, a sensação é que estou pirando de vez...

– E quanto aos aspectos espirituais ou religiosos. Costuma questionar sobre tais assuntos, foi educado ou já se envolveu com alguma prática dessa natureza?

– Nada mesmo. Meus pais, embora católicos, nunca

fizeram qualquer esforço para que nos engajássemos nas atividades da Igreja que frequentavam esporadicamente e apenas nas datas que julgavam mais importantes. Com isso, nos acomodamos, eu e meus irmãos, nas atividades que julgávamos mais atraentes e assim fomos levando a vida. Sai de casa e passei a viver praticamente com total independência relativamente cedo. Com apenas 16 anos consegui um emprego em uma corretora e, de menino de recados, na emergência de uma ocasional falta de corretores, fui escalado para mostrar um imóvel a um cliente, com quem fechamos a negociação. E, a partir daí, não parei mais. De fato, nunca sequer cogitei ter de utilizar a religião para resolver meus problemas.

– Mas, agora...

– Creio que o problema foi com minha mais recente ex-companheira. Com as outras duas, as coisas foram semelhantes em suas causas. Acho que acabei me cansando, perdendo a paciência e passando às agressões verbais e físicas. E, quando me abandonaram, acho que me senti até aliviado. Sem traumas ou remorsos... Logo depois, intervalos descompromissados da vida de solteiro, até nova tentativa de enrosco... No entanto, com a Janete... Além de não me esquecer dela, fiquei a matutar se há alguma coisa de errado comigo, não apenas por ter batido nela, mas no que mais fui tão errado a ponto de ter me abandonado, apesar da boa vida que podia lhe proporcionar. Afinal, não a machuquei tanto assim...

– De fato, existem muitos como você. Vão levando as coisas em que tudo parece dar certo de acordo com as expectativas que aparentemente são desejáveis, mas sem questionar, sem filosofar sobre o que é realmente a vida. Na literatura espírita temos uma escritora espanhola com obras admiráveis e instrutivas, Amália Domingos Soler, falecida na primeira década do século passado. Uma de suas formas de atuação era questionar a espiritualidade pelas razões para ocorrências divulgadas pela imprensa aparentemente inexplicáveis. Em um de seus relatos, perguntou qual a razão do suicídio de um riquíssimo empresário de um dos países da América Central que, hospedado em um dos mais luxuosos hotéis de Madri, havia se jogado sem deixar qualquer explicação, ou anteriores indícios de problemas de saúde ou depressão, do décimo andar em que estava seu quarto. E a explicação foi de que, ao longo de várias reencarnações, aquele homem sempre se apresentava com uma personalidade de extrema capacidade e facilidade para a aquisição de bens materiais, mas sem nunca se preocupar com os meios utilizados em suas empreitadas. Assim, foi pirata, traficante de escravos e assim por diante. No entanto, na última, antes daquela em que ocorreu o suicídio, já tinha aliviado um pouco seus métodos, sem causar tantos sofrimentos por onde passava, comercializando suas mercadorias. Mas, em todas suas anteriores encarnações, jamais tinha estabelecido reais relacionamentos afetivos. Suas mulheres eram apenas usadas e, quando filhos surgiam, ficavam por conta delas, caso se importassem com o destino que teriam. E foi em um belíssimo entardecer a beira mar, em que ele estava na praia acompanhando o desembarque das mercadorias de um de seus navios, que viu a aproximação de um barco de pescadores. Dele desceu um homem de porte majestoso em direção ao qual correram três garotos seguidos pela mãe a carregar mais outro ainda de colo. E o pescador ainda a empurrar o barco com seus companheiros, os recebeu deixando que subissem pelo seu corpo como brincadeira a que estavam acostumados a fazer, até chegar sua esposa também recebida carinhosamente. Para o mercador, foi como um despertar para experiências vivenciais, com as quais jamais havia se interessado. Via ali um homem, com toda a certeza, a enfrentar a vida em condições muito mais difíceis e sem poder proporcionar à sua família tudo o que seria necessário ou desejável, mas recebendo manifestações de confiança e afeto, que ele desconhecia por completo. E isso ficou como um divisor de águas em sua personalidade. Na encarnação seguinte, a do suicídio, continuou com a mesma facilidade para amealhar bens materiais, enriquecendo rapidamente. E tentou também suprir o vazio que havia sentido anteriormente, formando uma família. Entretanto, com aqueles com quem estabeleceu seus relacionamentos, esposa e filhos, não haviam vínculos afetivos anteriores, apenas interesses ocasionais. Razão pela qual, sem dar mostras do que se passava, foi se desiludindo e entrando em depressão até o fatal desenlace.

Ante seu silêncio e expressão preocupada, indaguei:

– Assustado com a história? Foi apenas para exemplificar... Nela estão inseridos vários aspectos que você deve estar se questionando.

– Reencarnação? Coisas de uma vida influenciando na seguinte... De onde tiram tanta certeza dessas coisas?

– Do estudo, do raciocínio, da pesquisa. Não aprendemos apenas com as nossas próprias experiências. O ideal é nos valermos também com o que as outras pessoas vão descobrindo e nos explicando. O aprendizado próprio, pode ser mais sofrido e doloroso. Ninguém precisa tomar uma facada para se convencer que isso não é nada agradável e que não deve dar facadas em ninguém. Basta sentir e integrar em seus hábitos comportamentais tal ensinamento.

– As diversas religiões, Baltazar, basicamente nos fornecem a filosofia em que se baseiam, definindo os contornos do comportamento que recomendam para uma vida harmoniosa em sociedade. As mais tradicionais, cristãs, nos informam, por exemplo, que somos espíritos movimentando um corpo material, em uma única vida, resultando, no após a morte, a continuação da vida no céu ou no inferno, dependendo do que andamos fazendo por aqui. Para incentivar a atuação no bem, a promessa de um céu de bem aventuranças; para coibir os malfeitos, a ameaça de um inferno de sofrimentos eternos...

– Já o espiritismo – continuei ante o mutismo de meu interlocutor – racionalizou melhor estes conceitos. Na essência, somos, sim, espíritos animando um corpo material, mas em uma sequência de vidas, nas quais, como em uma escola, vamos progredindo de acordo com o que conseguimos adquirir intelectual e moralmente. E, sempre, com total liberdade para fazer o que quisermos, mas com a fatalidade de sermos obrigados, perante nós mesmos, a ter de colher o que houvermos semeado com nossas ações. Se semeamos o bem, a colheita será boa e agradável; se semearmos o mal, ou seja, aquilo que não gostaríamos que nos fizessem, a futura colheita será correspondente.

– E como isso se encaixa nas situações desagradáveis que ando enfrentando?

– Pelo que já conversamos, deu para deduzir que você é uma pessoa objetiva, pelo menos na área profissional e financeira. Ou seja, em cada situação consegue avaliar tudo o que possa interferir e toma suas decisões em função do objetivo que pretende alcançar. Não é isso mesmo?

– Sem dúvida, e em geral quase não cometo erros...

– Pois é... Mas, em especial, nos relacionamentos afetivos, é imprescindível considerar também os aspectos transcendentes da vida. As situações que vivenciamos no momento tem muito a ver com o que andamos realizando em encarnações anteriores e, as que teremos mais no futuro serão em razão das necessidades e merecimentos decorrentes do que agora andamos fazendo. Você já pensou, por exemplo, que em uma próxima reencarnação você poderá vir em um corpo feminino e tendo de vivenciar situações agressivas de eventuais companheiros masculinos, impacientes, impulsivos e completamente insensíveis aos sofrimentos físicos e morais impostos às suas vítimas?

– Ora, seu Anselmo, nem brincando! Eu como mulher!

– É aí que mora o perigo, meu caro... E de nada adianta acreditar que não seja possível, já que isso não é uma questão de crença, mas, sim, de conhecimento. E é o que a Doutrina Espírita nos proporciona de uma forma coerente, lógica, racional e muito bem fundamentada. A Terra é uma escola na qual estamos matriculados para evoluirmos intelectual e moralmente, de forma bem parecida com os nossos sistemas educacionais. Na medida em que vamos assimilando o que seja necessário, vamos galgando níveis mais elevados, inclusive, no que venhamos a entender como verdadeiro bem estar, ou seja, aquele capaz de atender a todas as nossas expectativas de uma vida plena, realizadora e feliz. Como espíritos em um processo evolutivo e educativo, temos de nos livrar das imperfeições ou vícios herdados dos períodos mais primitivos da animalidade, e desenvolver as virtudes que todos carregamos. E, isso, nas duas opções da sexualidade. Ou seja, queiramos ou não, temos de aprender a ser bons, sábios e virtuosos, seja como homens ou como mulheres...

– Realmente, tudo isso é muita novidade para mim, seu Anselmo. Difícil de entender e aceitar, embora perceba a lógica do que está me passando...

– E haveria muito mais a lhe explicar, em especial em relação à possibilidade das influências espirituais que quase sempre se fazem presentes nos conflitos de relacionamentos afetivos ou não. Mas, tudo isso tem de ser aos poucos. É como depois de um longo período de fome, quando não é saudável nos empanturrarmos de comida provocando desconfortos intestinais. A necessidade de alimentos para nossa alma, tem de ser saciada sem pressa, na medida de nossa capacidade de compreensão. Precisamos ir digerindo os conhecimentos de maneira a possibilitar uma boa assimilação e aproveitamento de seus conteúdos. No seu caso, penso que o ideal no momento seria você fazer o tratamento espiritual em que já está inscrito, mesmo sem compreender bem de que se trata. É bem simples, conforme lhe passei nas instruções. Apenas assistir palestras, se submeter à aplicação de passes uma vez por semana e fazer uso de água fluidificada. Bom seria, também, iniciar a leitura, em especial, "O Livro dos Espíritos" e "O Evangelho Segundo o Espiritismo", ou, se preferir, começar a participar de um de nossos Grupos de Estudos. Garanto que rapidamente conseguirá conter racionalmente seus impulsos agressivos e aprender a lidar com as mulheres de sua vida com mais sensibilidade. O segredo, Baltazar, é aprendermos a nos colocar no lugar delas, com o mesmo corpo, o mesmo sexo, os mesmos problemas, dificuldades, carências e limitações... Sentir, enfim, o que nelas provocamos, em termos de sentimentos e emoções, pelo que fazemos, falamos e, até mesmo, pensamos...

– Tudo bem, seu Anselmo. Vamos tentar o caminho que está me oferecendo...

– E uma faceta muito importante a ser lembrada, é relacionada à sua última companheira, Janete, a que motivou sua vinda até nós. Evite qualquer ressentimento ou pensamento negativo. Pelo contrário, durante todo o tratamento, ore também por ela, pedindo que o perdoe e que seja fortalecida e iluminada pela espiritualidade. E agora, já está na hora da palestra. Qualquer dúvida, não se acanhe, pode nos questionar à vontade...

*****

Na ocasião, fiquei duvidando que Baltazar tivesse de fato concordado com nossas recomendações. Entretanto notei que aos poucos ele parecia se entrosar cada vez mais com os frequentadores e atendentes do Centro. Por fim, depois de mais algumas conversas, acabou ingressando em um dos grupos de estudo para principiantes.

Alguns meses depois, aguardando como de costume a chegada dos frequentadores para a palestra da noite, notei uma jovem me observando que, ao encontrar meu olhar, se aproximou;

– Sr. Anselmo?

– Sim, sou eu mesmo...

– Pois sou a Janete, Sr. Anselmo, a ex-companheira do Baltazar, que andou lhe pedindo ajuda e agora está frequentando um dos grupos de estudo aqui do Centro. Gostaria, se for possível, também ter uma conversa consigo.

– É claro, minha filha. Muito bom ter vindo! Mas como me identificou?

– O Baltazar anda tentando reatar nosso relaciona-mento e em nossas conversas ele me passou as indicações para que o encontrasse. Relatou até com entusiasmo os diálogos consigo. Mas, ainda estou renitente e medrosa. Nossas últimas brigas não foram fáceis de engolir...

– Tudo bem. Vamos ver se encontramos uma saleta disponível para conversarmos mais à vontade.

Acabamos achando livre apenas a cozinha e lá nos ajeitamos depois que peguei duas cadeiras das que esta-vam empilhadas na sala ao lado.

Janete se vestia com elegância e discrição. Era de estatura mediana, semblante tranquilo, aparentando estar na faixa dos trinta anos, formando um conjunto agradável a transmitir confiança e determinação.

Enquanto fazia mentalmente minhas avaliações, senti que ela também fazia o mesmo em minhas provi-dências para nos acomodarmos. Assim, frente a suas ex-pectativas, dei reinício a nossa conversa.

– Pois é, Janete, o Baltazar veio procurar ajuda co-nosco logo depois do rompimento de vocês. Ele aparenta ter assimilado um pouco das explicações que andei lhe repassando e até começou a participar de um de nossos grupos de estudo. Mas, pelo que me contou, vocês andam conversando...

– É, seu Anselmo, mas apenas conversando mesmo. Sei que ele está querendo reatar nosso relacionamento, mas ainda não estou plenamente convencida que vai con-seguir controlar seu comportamento agressivo. Ando me-drosa e não quero enfrentar de novo aquelas situações tão deprimentes.

– De fato, é uma preocupação válida Janete. Nos re-lacionamentos em geral, quando as coisas começam a se orientar para a agressividade, o mais sensato é buscar uma interrupção, antes que males maiores possam ocorrer. Mas, como veio a uma Casa Espírita, para prosseguirmos, você tem algum conhecimento de como o espiritismo analisa tais situações?

– Muito pouco, seu Anselmo. Minha formação religiosa é evangélica, de minha família. E a sigo sem muita frequência ou fervor. Das coisas que o senhor passou para o Baltazar e que ele me contou, sei apenas por ouvir em conversas com amigas, ou em filmes que já assisti sem dar muita importância.

– Mas, tem curiosidade em saber? Ou tem alguma esperança ou desejo de encontrar nas explicações que eu possa lhe passar uma orientação para as suas decisões? Porque imagino que é isso que veio buscar...

– Eu e Baltazar tivemos muitos bons momentos, seu Anselmo. Gosto dele realmente, mas sou turrona e de vez em quando temos nossos desentendimentos. Como não me curvo, isso o exaspera e o faz perder o controle, para a agressividade verbal e, depois, física.

– Nessas ocasiões, chegaram a procurar alguma terapia psiquiátrica ou psicológica?

– Não, nenhuma. Só depois que terminamos é que estamos a pensar nisso, mas, cada um a seu modo.

– Mas, quer ouvir o que temos a dizer e no que podemos ajudar, não é mesmo?

– Sim, vim aqui para isso, seu Anselmo. Notei alguma mudança no Baltazar, procurando se chegar com carinho e sem qualquer imposição, não a ponto de me dar certeza, mas esperança... Quem sabe?

– Então, vamos lá Janete. A conversa pode ser longa e, se for o caso, dividimos em vários dias...

Dei um tempo, para concatenar as ideias e recomecei pausadamente.

110

– A primeira recomendação que lhe faço é que não descarte uma consulta a um psiquiatra ou psicólogo. Nessas situações, temos de considerar sempre o corpo, a mente e o espírito. O corpo, porque as coisas às vezes o desequilibram a ponto de ser necessário alguma medicação para que possamos voltar a raciocinar com sensatez e equilíbrio; a mente, porque temos de cuidar em agirmos com racionalidade, não intempestivamente apenas reagindo, mas de acordo com as circunstâncias de cada momento e sabendo levar em conta o estado psicológico, nosso e do outro; e, por fim, o espírito, ou seja considerando os sentimentos e emoções que agasalhamos e estão a nos conduzir, bem como, as influências espirituais, benéficas ou maléficas, que podem se fazer presentes em cada situação enfrentada. Até aqui, tudo bem, Janete? Estamos apenas começando...

– Tudo bem, seu Anselmo, vamos em frente...

– Na parte psicológica, haveria também muita contribuição proporcionada pela Doutrina Espírita, mas, dependente de estudos que podem ser demorados até assimilarmos com proveito seus ensinamentos. É de grande utilidade para conseguirmos compreender e modificar o comportamento machista cultural que tem prevalecido na maioria das sociedades espalhadas pelo mundo, colocando a mulher em uma posição secundária, dependente, injusta e submissa em relação ao homem. Cultura que já teve avanços importantes nos últimos tempos, mas que ainda encontra muita resistência no psiquismo humano. É essa herança cultural que pode ter prevalecido no comportamento do Baltazar, fazendo com que perdesse o controle quando encontrou sua reação enfrentando-o. E o pouco que lhe repassei talvez já tenha até conseguido mexer com suas convicções atávicas. A forma mais abrandada de tentar reconquistá-la pode ser decorrente de um início de mudança para melhor.

– Creio que deu para entender, seu Anselmo. Pode haver necessidade de remédios dos psiquiatras e de atendimento às recomendações dos psicólogos para controlar e equacionar melhor nossos conflitos.

– Na realidade Janete, todos os problemas ou dificuldades que enfrentamos, lá no fundo mesmo, tem origem no espírito que somos, fazem parte de seu processo evolutivo e, de uma forma ou de outra, irão se resolvendo naturalmente em virtude das leis da vida. Entretanto, quando atingimos um nível adequado de conhecimento, racionalidade e maturidade, compreendendo melhor como tudo isso ocorre, adquirimos a capacidade de atuar apressando o encontro das correções e ajustes que precisamos fazer para prosseguir em nossa jornada evolutiva. Daí a conveniência de usar os recursos que a medicina já tem disponíveis para reequilibrar o corpo e a mente, ficando mais abertos e receptivos aos ensinamentos e influências da espiritualidade que nos assiste. Agora, quanto aos aspectos espirituais a considerar na situação que você e o Baltazar estão vivenciando, os mais importantes são a reencarnação e as influências espirituais. Tem tempo e paciência para escutar um pouco mais?

Dependendo das circunstâncias, às vezes não é produtivo ficar tentando explicar o que as pessoas não tem interesse em aprender, ou não tem maturidade suficiente para assimilar. Mas, com uma expressão de incentivo, Janete retrucou:

– Pode ficar tranquilo, seu Anselmo. Se houver uma boa solução para o nosso caso, que eu venha a me convencer como viável, irei em frente. Tenho o pressentimento que as coisas poderão se ajustar e, para isso, estou disposta a ouvir e estudar o que for necessário.

– Ótimo! Então vamos lá! O primeiro conceito é de sermos todos espíritos, temporariamente vestindo corpos materiais, de maneira a podermos nos manifestar neste mundo terreno. E a gente vem e retorna ao mundo espiritual, muitas e muitas vezes, quando o corpo deixa de funcionar na ocasião que designamos como morte. E estamos sempre aprendendo, assimilando conhecimentos e experiências em um longuíssimo processo que sequer conseguimos imaginar quando se iniciou. A vida terrena, então, é como se fosse uma escola em que, em cada oportunidade de reencarnação, vamos ter de atender uma programação em linhas gerais correspondentes ao que andamos fazendo anteriormente. É como em uma escola, tendo de aprender novas matérias, passar por provas que atestem para nós mesmos o que aprendemos e, eventualmente, ter de repetir lições que não tínhamos assimilado anteriormente. É talvez o aspecto que mais tenha impressionado Baltazar, quando disse que o espírito mesmo não tem sexo e que assume a condição masculina ou feminina de acordo com as necessidades em sensibilidade, amorosidade e virtudes desejáveis em uma ou outra condição. Dessa forma, quando em uma ou mais reencarnações o espírito adota comportamentos inadequados na condição masculina, por exemplo, pode chegar à conclusão ou ser orientado a passar por experiências na sexualidade oposta de maneira a sentir na própria pele as dificuldades e sofrimentos de suas vítimas do passado. E isso não é punição, mas um meio eficaz de aprendizado, quando teimamos em persistir em nossos equívocos.

– Mas, então, o que está afirmando pode se aplicar

ao meu caso. Posso ter sido homem na encarnação passada e violento com Baltazar... E ele agora está se vingando...

– Pode ter sido este o caso, Janete, mas não necessariamente. Ou seja, as alternativas são inumeráveis, bem como as nossas necessidades e merecimentos. Aprendemos ou por nossas próprias experiências ou, se agirmos com inteligência, observando e aproveitando as experiências dos outros. Mas, a situação que vocês estão vivenciando também pode ter sido uma repetição de outra similar do passado; agora vieram com a boa intenção de se corrigir e, em vez disso, estão a recair nos mesmos equívocos. Mas, pode ter sido também para, na busca da solução do problema que enfrentam, despertar o interesse e curiosidade quanto aos aspectos espirituais da vida que tanto nos ajudam em nossa evolução e progresso intelectual e moral. É como se fosse um empurrão da espiritualidade para um caminho melhor. De qualquer forma, sua ressalva já indica ter assimilado a essência das ideias relacionadas com a reencarnação. De fato, a nossa vida presente, tem muito a ver com o que andamos fazendo em nossas anteriores jornadas terrenas. E, as futuras, estarão sendo influenciadas pelo que estamos agora a fazer. Agindo sempre com amorosidade, será o que estaremos semeando para as futuras colheitas... É importante lembrar também, Janete, que a ideia da reencarnação, está presente em grande parte do mundo, com interpretações nem sempre inteiramente corretas, mas que, com o espiritismo, ficou bem mais compreensível, racional, coerente e aceitável, mesmo por adeptos de outras religiões. Além disso, vem sendo estudada por pesquisadores independentes em linhas diversificadas, tais como nas terapias e recordações espontâneas de vidas passadas. Existe uma vasta literatura a respeito desse assunto suficiente para satisfazer e convencer as mais rigorosas exigências.

Parei um pouco com as explicações para dar oportunidade a Janete de expor suas dúvidas ou questionamentos e, de fato, ela aproveitou a deixa.

– Reencarnação... Já tinha ouvido falar sobre esse tema, mas nunca considerei com seriedade o que ela significaria nos problemas em que nos envolvemos. Se de fato, for uma realidade, é como entender a vida como uma sequência de vidas se encadeando em um sentido mais amplo, mas parecido com o nosso dia-a-dia. Cada uma de nossas ações resulta em algum retorno, imediato ou mais demorado, mas condizente com o ambiente em que vivemos e as pessoas com quem nos relacionamos. De uma vida para outra, a única diferença seria quanto ao tempo decorrido entre as ações e as reações...

– É isso, Janete. Percebo que está assimilando bem minhas explicações. E vários outros conceitos vão se ajustando a partir da compreensão de como ela funciona: a aceitação de que somos espíritos e, portanto, o que morre é o corpo e, lá do outro lado da vida, continuamos vivos e atuantes, inclusive tentando interferir com os que permanecem encarnados, com boas ou más intenções. E aí chegamos ao ponto em que precisamos também compreender, porque é isso que pode ocorrer em nossos relacionamentos: influências de entidades espirituais incentivando os nossos conflitos, motivados por desejos de vingança oriundos de nossos desacertos do passado. É a ideia do anjo bom ou do demônio interferindo em nosso comportamento, crença que vem acompanhando a humanidade há milênios e praticamente em todas as partes do mundo. A única diferença é que o espiritismo nos explica e convence que são apenas espíritos mais ou menos evoluídos. Nossos amigos e protetores constantemente procurando nos ajudar; nossos desafetos e inimigos de ontem, ainda na ignorância das leis da vida, tentando nos prejudicar pelos mais variados motivos, sem perceber o mal que fazem a si mesmos. E, pelos pensamentos que cultivamos, estabelecemos a sintonia para que essas entidades consigam nos influenciar, benéfica ou maleficamente, dependendo da qualidade em que voluntariamente nos colocamos. Por isso, sempre recomendo a leitura e meditação dos textos inseridos no livro "Pensamento e Vida", de Emmanuel, pela psicografia de Francisco Cândido Xavier. É o "orai e vigiai" da recomendação evangélica. É nos pensamentos que mais agasalhamos a origem de praticamente todos os nossos problemas...

Notei que Janete ficou pensativa matutando e depois me questionou:

— Fazendo um exame de consciência, com tudo o que comentou, tenho de reconhecer alguma parcela de culpa em meus desacertos com o Baltazar. Mas, o que o senhor me recomenda?

— Creio que as ideias mais significativas em torno do problema que vocês estão vivenciando, vocês já captaram. Caso venham a se tornar frequentadores e participantes das atividades da casa, irão aos poucos se aprofundando nos conhecimentos úteis para harmonizar cada vez mais as coisas entre vocês. Mas, de imediato, o que eu recomendaria é que fizesse o tratamento espiritual oferecido pelo Centro. Através das palestras irá assimilando naturalmente as recomendações que mais necessita; os passes irão lhe transmitir energias harmonizadoras que ajudem em suas decisões; e, caso esteja sob influências negativas, a espiritualidade que a assiste se encarregará

116

de encontrar as melhores soluções. O Baltazar já fez este tratamento e, pelo menos aqui no Centro, tem se mostrado bem participativo e tranquilo.

— E o que preciso fazer para o tratamento?

— Vou apenas anotar as informações sumárias que precisamos e lhe entregar a ficha de orientação. No mais, é consigo. Se tiver alguma dúvida é só nos procurar. E depois do tratamento, se quiser se inscrever em algum de nossos grupos de estudo, também seria muito bom. E garanto que vai gostar. Nas palestras, evitamos discussões. Mas nos grupos de estudos a troca de ideias é até estimulada, pois o esclarecimento das dúvidas ajuda bastante na compreensão dos temas abordados.

＊＊＊＊＊＊

Não fiquei sabendo em detalhes o que aconteceu com o casal Baltazar e Janete. Apenas notei que durante o tratamento ele a acompanhou no Centro e, depois, passaram e vir juntos para um dos grupos de estudo até o final daquele ano.

No seguinte, com o reiniciar das atividades, não retornaram, e com o passar do tempo, já tinha até me esquecido do caso.

Anos depois, vejo o casal entrando para a palestra da noite e a princípio não os reconheci. Mas, Janete à frente, lá vieram os dois:

— Boa noite, seu Anselmo! Pelo que vejo o senhor continua firme e forte!

— Nem tanto, minha filha, mas vamos tocando a vida...

— Lembra-se de mim e do Baltazar? O casal de brigões que o senhor lembrou a possibilidade de termos vindo em condições trocadas para experimentarmos na pele o que havíamos feito um ao outro lá no passado, ou então, que seria isso que poderia ocorrer em nosso futuro?

Janete disse isso sorridente, ao mesmo tempo que Baltazar também sorridente me cumprimentava.

– Pois é, estou me lembrando do caso, mas o seu nome está me fugindo. Minha memória nunca foi muito boa...

– Janete...

– Certo, Baltazar e Janete, B e J de Bom Jesus... Em nossas conversas, eu nem sei bem porque enfatizo este ou aquele assunto...

– Mas, chegamos à conclusão que seria melhor para nós dois nos acertarmos nesta existência mesmo. E desde então estamos conseguindo conviver com mais harmonia. Deixamos de vir aqui porque nos mudamos para bem mais longe, mas passamos a participar das atividades de outro Centro Espírita próximo de casa. Hoje, como viemos para uma festinha de aniversário do filho de uma amiga, aqui perto, resolvemos dar uma chegada para a palestra e lhe contar as novidades.

– Mas que beleza terem se acertado. Isso é muito bom e fico feliz por vocês estarem bem...

– Pois é, seu Anselmo – confidenciou Janete em meu ouvido –, ele não quer correr o risco de voltar como mulher e nem eu como homem...

10 – TRAFICANTE DE DROGAS

Este caso foi bem complicado e nem sei bem como consegui conduzi-lo sem grandes preocupações.

Atendi o celular em uma quinta-feira à noite quando já estava quase me preparando para ir dormir.

– Boa noite, é seu Anselmo?

– Eu mesmo, boa noite...

– Aqui é o Luiz Antônio, seu Anselmo, um amigo do Dilermando que o senhor atendeu e orientou tempos atrás. Ele naquela época estava em condicional, ainda tendo de usar tornozeleira eletrônica...

– Sim, estou me lembrando do caso do Dilermando. Foi encaminhado pela esposa...

– Pois foi ele que me deu seu celular. Só que minha situação é bem mais grave, seu Anselmo. Gostaria e preciso de uma conversa consigo, mas tem de ser, por caridade, a mais discreta possível. Andei fazendo muita besteira e estou convencido que preciso mudar o rumo de minha vida, só não sei por onde e nem como começar...

Fiquei a meditar como poderia me conduzir naquela situação, como a esperar uma inspiração...

– Seu Anselmo?

– Tudo bem, Luiz Antônio, estava pensando como poderíamos nos encontrar, nas condições que você deseja. Poderia ser amanhã à tarde, às 15 horas no Centro Espírita? É um dos poucos dias em que está vazio e poderemos conversar com tranquilidade. Sabe o endereço?

– Sim, o Dilermando me passou e então nos vemos

amanhã. Muito obrigado por me atender, seu Anselmo!

– Quando chegar, o portão tem cadeado, mas deixarei aberto. Estarei a sua espera.

– Tudo certo...

E desligou o telefone rapidamente sem mais delongas, deixando transparecer o clima de ansiedade e apreensões que o envolvia.

No dia seguinte, um pouco antes do horário combinado, lá me fui para o Centro, deixando o portão de entrada apenas encostado e a porta de entrada entreaberta. Não estava nervoso, mas, imaginando os motivos do pedido de discrição, preocupado em como seria necessário conduzir aquele encontro. E, nessas situações, o melhor é nos reportarmos aos amigos "lá do outro lado" pedindo que nos ajudem e inspirem.

E estava nisso a pensar quando poucos minutos após o visitante entrou pela porta que encontrou entreaberta. Porte avantajado, alto, forte, bem vestido, cabelos bem cuidados, semblante determinado... A aparência seria de um empresário bem sucedido. Fechou a porta e perguntou me cumprimentando:

– Sr. Anselmo, é claro...

– Sou eu mesmo, Luiz Antônio. Mas, antes de irmos para a nossa conversa, vou passar o cadeado no portão, senão podem aparecer nossos fregueses moradores de rua em horários não costumeiros de atendimento.

Ao retornar, encontrei-o folheando um dos livros expostos nas prateleiras da livraria do Centro:

– Vamos para saleta ao lado? Lá poderemos nos acomodar melhor e conversar mais à vontade.

Na saleta nos ajeitamos e tentei reiniciar a conversa.

– Então é amigo do Dilermando...

– O amigo urso, seu Anselmo. Fui o responsável por

metê-lo na embrulhada que o levou para a cadeia por três anos. A gente quando apronta essas coisas, nunca imagina que podem dar errado. E o que me toca é que ele continua meu amigo, apesar do mal que lhe provoquei. Na medida do possível, mantenho meus contatos com ele e sei que mudou completamente de vida. Está na luta, difícil, modesta e trabalhosa, mas honesta. Até a família do caminhoneiro que, por um infeliz imprevisto acabou sendo morto naquela ocasião, ele de forma discreta e anonimamente vem procurando ajudar através do grupo que participa. E é ele que vem insistindo comigo para abandonar esse meu estilo de vida criminosa. Porque, seu Anselmo, vou ser bem claro consigo: sou um dos mais procurados pela justiça. Sabem que eu existo, mas ainda não sabem quem sou. Desde aquela época, fui me envolvendo cada vez mais, e agora sou um dos principais chefes de minha facção aqui no Estado. Eu é que venho organizando toda a comercialização de drogas na área que me foi atribuída. É por isso que lhe pedi essa conversa, da forma mais discreta possível. O mínimo descuido de minha parte e acabo trancafiado pelo resto da vida, ou, então encaminhado direto para os sete palmos abaixo, pelas providências de nossos adversários e concorrentes.

— Muito bem, meu filho. Acho que já entendi a situação. Mas, o que está mesmo pretendendo?

— Mudar, seu Anselmo. Sair disso tudo e mudar de vida. Sou casado, bem casado, com dois filhos. E nem minha esposa sabe bem de minhas atividades. Sou um bom negociante e, empregando bem os recursos de minhas atividades criminosas, acabei amealhando uma fortuna considerável. Tenho inclusive apoiado a instituição em que o Dilermando participa em apoio às famílias dos caminhoneiros vitimados em acidentes ou assaltos. É uma forma de aliviar meus sentimentos de culpa e de me redimir daquela infeliz tragédia. Mas, sei que se continuar nessas atividades, mais cedo ou mais tarde, as coisas vão azedar. Serei capturado pela polícia ou morto por adversários ou até subordinados que ambicionam minha atual posição. Foi o que aconteceu com todos que me antecederam. Assim, pensando no que idealizo para minha família e pelas perorações do Dilermando, vim ver consigo se encontro alguma inspiração para sair deste enrosco. Sabe, seu Anselmo, não é fácil a gente se afastar de uma facção. Ganho muito dinheiro mesmo, mas ela é implacável com os que se desviam de suas regras...

– Eu realmente estou sem saber o que lhe dizer. O mundo em que você está vivendo é complexo e, na minha avaliação, completamente diferente do meu. No entanto, existem algumas passagens que merecem ser lembradas. Uma delas é que devemos condenar o pecado e, não, o pecador. Se conseguir colocar dentro de você um sentimento real dos males e sofrimentos que estão a resultar de suas atividades, à semelhança daquela que ocorreu com o caminhoneiro, já será o princípio do abrir as portas para a atuação de seus amigos e protetores espirituais que, com toda a certeza, estão a atuar sobre você e tentando guiá-lo para caminhos mais adequados em sua vida. Veja bem, sua atitude não deve ser uma fuga por medo, ou de suas responsabilidades, mas para mudar completamente o foco de sua vida, invertendo o sentido de suas atividades em benefício dos infelizes que caíram nas malhas dos vícios dos quais você se aproveitou, seja dos que consomem as drogas, seja da cadeia de distribuidores a seu comando. Já tentou se colocar no lugar dos familiares dos drogados ou dos traficantes menores a se embrenharem nas teias das organizações criminosas? Nas vítimas dos drogados a cometerem toda sorte de crimes para sustentarem os vícios a que se entregam?

– Seu Anselmo, são anos que estou nesta vida. O peso dos males que pratiquei e venho praticando, sem conseguir parar, é muito grande. Como conseguirei pagar, ou compensar tudo isso?

Aquela fortaleza criminosa e dissimulada, dava sinais de se abrir e percebi lágrimas ainda contidas a inundarem seus olhos.

– Como eu disse, agasalhar os sentimentos de suas vítimas abre as portas para a ajuda espiritual que necessita. Francisco Cândido Xavier, o médium famoso que escreveu mais de quatrocentos livros de seus amigos espirituais, em uma das mais famosas frases que lhe foram atribuídas, afirmava: *"Embora ninguém possa voltar atrás e fazer um novo começo, qualquer um pode começar agora e fazer um novo fim."* Então é encontrar forças, coragem e discernimento para o recomeço que se torna necessário. Quanto aos males que tenha praticado, por enquanto, apenas se concentre na ideia de que o amor, as boas obras cobrem a multidão de pecados que tenhamos cometido. A partir do momento em que conseguir fazer a inversão do sentido de suas atividades para a prática do bem, procurando e se esforçando para se transformar em um "homem de bem", tal como o item 5 do Cap. XVII, "Sede perfeitos", de O Evangelho Segundo o Espiritismo, você sentirá que tudo aos poucos irá se modificando para melhor em sua vida.

Senti que o jovem estava tomado de emoções incontidas e não conseguia segurar as lágrimas. Em momentâneo silêncio, roguei por ajuda e depois prossegui:

– Entenda, Luiz Antônio, eu não vou ter condições de lhe dar uma solução, mas pode ter certeza que sairá daqui mais tranquilo, confiante e no rumo de conseguir a necessária inspiração de seus amigos e protetores espirituais para você mesmo equacionar a solução que precisa. Em condições normais, para começar, eu lhe marcaria um tratamento espiritual presencial aqui no Centro. No entanto, diante de sua necessidade de se expor o menos possível, podemos fazer isso à distância. Tudo bem?

– O que seria esse tratamento espiritual?

– Vamos precisar de tempo, para lhe explicar em detalhes, mas, de forma resumida, será apenas um momento de recolhimento e oração nas terças-feiras à noite, em sua residência, por três a cinco semanas. O objetivo será reunir a ajuda da espiritualidade que assiste nossa Casa Espírita com a de seus protetores espirituais, para lhe transmitir as energias e inspiração necessárias para solucionar o seu problema e, caso esteja – e deve estar – sofrendo a influência de entidades espirituais maléficas, convencê-las a se afastarem. Vou lhe passar uma orientação explicando como proceder. Tudo bem? Podemos marcar?

– Tudo bem, seu Anselmo. Mal não vai fazer, não é mesmo?

– Até hoje, e estou aqui há mais de vinte anos, nunca ninguém voltou para se queixar de qualquer coisa. Muito pelo contrário, inúmeras manifestações de gratidão por terem encontrado o que precisavam. Ou apenas nossas observações com alegria e satisfação dos bons rumos tomados pelos que vieram em busca de ajuda e não deixaram mais de frequentar a Casa.

– Mas – continuei –, durante o período do tratamento, procure ler os livros que vou lhe entregar antes de sair: "O Livro dos Espíritos" – para ler em sequência pois vai lhe dar uma ideia geral do que o espiritismo nos ensina; "O Evangelho Segundo o Espiritismo" – para abrir ao acaso, nos momentos em que sentir necessidade de alguma orientação; "Há Dois Mil Anos" – a história romanceada de um contemporâneo de Jesus, já naquela oportunidade atormentado por lembranças fragmentadas de barbaridades anteriormente cometidas, mas que depois se transformou no Emmanuel de elevadíssimo nível intelectual e moral, que foi o principal mentor de Francisco Cândido Xavier; e, por fim, "Pensamento e Vida" – que nos orienta e ensina a cultivar os pensamentos que nos ajudam a atrair as influências espirituais benéficas e a nos proteger das maléficas.

– Vou preencher sua ficha – continuei –, mas com um mínimo de informações. Nem seu nome verdadeiro, ou endereço vou colocar, tendo em vista sua necessidade de discrição. A espiritualidade que nos assiste está acompanhando nossa conversa e fará o que for necessário. E se você conseguir dar um rumo diferente em sua vida, a vitória será de todos nós. Você vai levar apenas a orientação com as datas marcadas para os dias de tratamento. E agora creio que preciso lhe passar pelo menos um resumo geral das ideias que precisa assimilar para que o tratamento tenha um bom resultado. Tem paciência para me escutar mais um pouco?

– Vim aqui para isso, seu Anselmo. Fique tranquilo. O encarregado de me levar de volta para casa só virá quando eu avisar e, inclusive, para o local que eu indicar.

– Tudo bem. Então vamos ver se consigo lhe transmitir o que seja necessário. A Doutrina Espírita, Luiz Antônio, acredite e confie em mim, pois eu a estudo há mais de cinquenta anos e também sou uma pessoa difícil de aceitar ingenuamente qualquer coisa, se constitui em um grande conjunto coerente e racional construído em uma sequência lógica e bem fundamentada de ensinamentos.

E não é sem razão que Kardec, seu codificador, em "O Evangelho Segundo o Espiritismo", um dos livros que vou lhe entregar, colocou logo em seguida ao Cap. IV, "Ninguém poderá ver o Reino de Deus se não nascer de novo", que aborda o conceito da reencarnação, exatamente o capítulo intitulado "Bem-aventurados os aflitos". E é o seu caso no momento: aflição para tentar sair de uma situação que você está pressentindo poderá se tornar trágica, tanto para você como para seus entes queridos. No entanto, nada nos acontece por acaso, Luiz Antônio. Tudo, todos os problemas ou situações difíceis nos chegam na hora certa em função de nossas necessidade e merecimentos. E se conseguir administrar tudo isso que está passando sem cultivar medo, ódios ou mágoas, tenha certeza que não se arrependerá. Se estiver mesmo com bons propósitos, confie em si mesmo e em Deus que é o Pai Infinitamente Amoroso de cada um de nós.

Dei um tempo para sentir se ele estava conseguindo me acompanhar. Seu semblante apesar de sério, aparentava atenção e curiosidade. Então resolvi ir em frente.

– De fato toda a lógica da compreensão e aceitação das aflições que nos atingem se constrói a partir das ideias: de Deus, como a Inteligência Suprema, causa primária de todas as coisas, com Seus atributos de perfeição absoluta e infinita, em qualquer sentido que se consiga imaginar, entre os quais: Amor, Bondade, Sabedoria e Justiça; do Ser Humano, como sendo um Filho de Deus; um Espírito Imortal em contínuo processo de evolução e aperfeiçoamento, capaz de atuar no mundo material ou nos mundos transcendentes, como encarnado ou desencarnado, de acordo com as Leis naturais estabelecidas por Deus para presidir e ordenar tudo o que acontece em cada um destes ambientes de atuação; e da reencarnação, inclusive em outros mundos, dentro da ideia de pluralidade dos mundos habitados, ou de mudança periódica das condições em que estagiamos em cada etapa, como parte do processo de continuo aprendizado.

– E todo esse conhecimento – continuei depois de ligeira pausa – pode ser encontrado nas obras básicas da Codificação e reforçado ainda mais em muitas outras complementares. Seria praticamente impossível lhe passar resumidamente tudo o que está ali contido. Vou lhe mencionar apenas alguns casos para você entender a questão das ligações entre os nossos problemas de agora com o que andamos fazendo no passado; ou o que teremos de enfrentar no futuro, imediato ou distante, em razão do que agora estamos a fazer. Amália Domingos Soler foi uma poetisa e escritora espanhola, nascida em 1835, que, além de todas as dificuldades materiais que teve de enfrentar, ainda passou quase toda a sua vida com problemas de saúde, em especial nos olhos, vindo a falecer em 1909. No entanto, a partir de suas atribulações, acabou fazendo contato com o Espiritismo nascente, do qual se tornou uma ardorosa defensora em sua terra natal. É dela o livro "Reencarnação e vida", no qual, com base em relatos obtidos por via mediúnica, encontramos numerosos e sugestivos casos explicativos de desventuras de uma vida em relação às suas origens em vidas anteriores. Ali, por exemplo, encontramos a história de um russo Andrés Basisikoff, mendigo profissional desde os quinze anos de idade, vivendo nessa condição humilhante por mais de um século, simulando defeitos físicos e acumulando uma fortuna para seus oito filhos, sem jamais deixar de prosseguir como pedinte miserável e inútil. Tudo em razão de seu passado de orgulho, crueldade e prepotência, quando se imaginava poderoso e sábio, mas era, na realidade, um completo ignorante em relação aos verdadeiros valores que devem ser cultivados na vida. E, dessa forma, sem sentimentos nobres, perseguia ideais de imortalidade física, mas sem medir consequências para seus atos insanos. E em outras oportunidades prosseguiu em seus desatinos, semeando dor e sofrimento. Ou então, o caso de Arcádio Gôngora, um arrogante rapaz cheio de vida e saúde, mas que aos 20 anos tornou-se totalmente louco, vivendo por mais 32 anos como fera acorrentada. Resultado de um tenebroso passado na pele de um dos conquistadores espanhóis completamente perdidos em meio às bestialidades de que se valeram para atingir seus objetivos. De fato, no livro de Amália, encontramos exemplos de praticamente todos os tipos de aflições que podem nos atingir, relacionamentos difíceis, condições de vida adversas, saúde precária, perdas inesperadas de entes queridos. Cada uma delas mostrando claramente como funcionam as Leis Divinas e as alternativas que são colocadas à disposição de nosso livre arbítrio.

— De uma certa forma, seu Anselmo, o senhor está tentando me convencer que o nosso inferno pode ser por aqui mesmo...

— É isso, mais ou menos. A verdadeira vida é uma continuidade para o espírito imortal. Depois de uma jornada terrena equivocada, colheitas correspondentes lá "do outro lado", seguidas de novas tentativas no mundo material. Tudo como oportunidades para prosseguirmos evoluindo intelectual e moralmente. Já estivemos por aqui muitas e muitas vezes, Luiz Antônio, e na certa, muitas outras teremos de voltar. E o importante não é querer saber ou se preocupar com o que já fizemos lá no passado remoto ou com o que fizemos de errado no passado mais recente. O que de fato precisamos e nos decidirmos quanto ao que faremos a partir de agora para construirmos o futuro que desejamos. E nada de pessimismo. Se conseguimos entender esse encadeamento, já estamos no bom caminho. O passado, inclusive com todos os erros que tenhamos praticado, de uma forma ou de outra, serviu para nos conduzir até o presente com a inteligência que agora dispomos para decidir quanto ao nosso próprio futuro que sabemos estar, pela Providência e Amor de Deus, em nossas próprias mãos. Assim, façamos do presente a sementeira do futuro que desejamos colher. Vou buscar um livro na nossa Biblioteca para lhe mostrar o belíssimo trecho de uma mensagem. Só um instante...

Quando voltei, Luiz Antônio estava pensativo, de cabeça baixa e com as mãos entre os joelhos. Mas, aprumou-se e me olhou com simpatia.

– O que quero lhe mostrar – prossegui – é do livro "Jovens no além", psicografado por Francisco Cândido Xavier, onde um rapaz que faleceu afogado aos vinte e cinco anos, assim se expressou em uma das mensagens aos seus familiares: *"O que puderem fazer no terreno do bem, façam. O que puderem suportar com paciência, suportem. Aqui a gente é o que a gente fez de si mesmo, pelo que fez aos outros ou pelos outros é o que vale. Nossa oficina de modelagem espiritual está funcionando. Todos podemos transformar-nos, construindo em nós mãos de paz se espalharmos a paz, verbos de luz se cultivarmos a luz em nossas palavras, pés de alegria se soubermos caminhar no rumo do bem, olhos e ouvidos de bênçãos se nos dispusermos a abençoar sempre."*

Li o trecho pausadamente, separando bem cada frase para dar tempo de ser entendida e assimilada...

– Estou entendendo, seu Anselmo. De fato, me deixei envolver pelo que imaginava ter de conseguir para ser feliz com minha família. Mas, me concentrei apenas nos aspectos materiais e nesse aspecto, nada nos falta. Fui orgulhoso, egoísta e insensível aos males que resultariam de minhas atividades. Só agora estou acordando para isso, quando fico a meditar minha mulher e filhos sendo assaltados ou assediados pelas drogas ou drogados enlouquecidos... Nunca parei para sequer dar atenção aos noticiários da televisão sobre as cracolândias espalhadas pelo País. Problemas deles, pensava...

– Pois é, meu caro. O problema não é só deles. Mas, é com esse conhecimento que a Doutrina Espírita nos proporciona, que podemos adquirir a mais absoluta convicção de que o sucesso dos maus é sempre apenas aparente e temporário. No decorrer do processo em que se encontram envolvidos, todos os seus ilusórios benefícios acabam se transmutando em dores e sofrimentos, como remédios amargos, porém eficazes, a que fizeram jus e necessários em razão de seus desenganos. E se estamos entre eles, precisamos mudar enquanto ainda há tempo e condições para melhorar o que iremos ter de enfrentar mais à frente.

– Eu estou realmente decidido a encontrar uma solução para sair deste emaranhado em que me meti. Vamos ver se seus amigos me ajudam a encontrá-la.

– Não só os meus, mas também, e principalmente os seus, meu caro. E terá de aprender a tê-los sempre ao seu lado. Leia com atenção, estude mesmo o livro que vou lhe repassar: "Pensamento e Vida".

– Tudo bem, seu Anselmo. Creio que já tomei muito de seu tempo e só a conversa que tivemos me deixou mais animado e confiante. Acho que até estou inspirado de

130

como vou equacionar tudo isso.

— Em seu desejo de se encaminhar para o bem, estaremos sempre à disposição. Qualquer ajuda ou esclarecimento que precise nesse sentido, conte conosco. E, como já lhe disse, firme bons propósitos, confie em si mesmo e confie em Deus que tudo se resolverá a contento. Vou pegar os livros que mencionei, acrescentando também o "Reencarnação e Vida", e lhe entregar a orientação para o tratamento espiritual à distância. Serão cinco semanas. Qualquer dúvida, dê um jeito de me encaminhar que farei o possível para esclarecer.

Deixando-o na Livraria por alguns instantes, enquanto reunia os livros que havia prometido lhe entregar, vi que ele rapidamente passava mensagens pelo celular.

Ao retornar com a sacola de livros percebi que ele já estava mesmo de saída:

— Seu Anselmo, muito obrigado por me ter recebido. Pode ter certeza de que estou saindo com ânimo renovado. De alguma forma, receberá notícias minhas. E, se Deus quiser, serão boas notícias...

— E Ele vai querer, tenha certeza. Que Deus Pai e Jesus abençoem, protejam e inspirem, você e sua família!

*****

Discretamente chegou e do mesmo modo saiu. Poucos minutos depois, ao passar o cadeado no portão já não o vi mais nas imediações. E nunca mais o encontrei.

Só alguns anos depois Dilermando veio me contar o que havia acontecido, conforme também só soube muito depois de seu inesperado desaparecimento.

Um dos subordinados de Luiz Antônio, apesar de lhe ser fiel, era benquisto pelo chefe do nível acima. Assim, aproveitando a necessidade de uma cirurgia de emergência, Luiz Antônio conseguiu convencer seu chefe na facção de um afastamento temporário, deixando aquele subordinado que lhe era simpático em seu lugar. Aproveitando a oportunidade, arquitetou uma verdadeira novela de aventura, convencendo sua família a acompanhá-lo e conseguindo se furtar às ações da polícia e dos chefões do tráfico.

Se radicou em outro País e realmente conseguiu mudar de vida completamente. Mudou tanto que se tornou até bastante participativo em instituições de assistência social, inclusive de recuperação de drogados e traficantes.

A história toda de suas peripécias, só mesmo Luiz Antônio poderá contar.

Quem sabe algum dia o faça...

11 – SEXUALIDADE EXACERBADA

Foi em uma noite agradável, temperatura amena, céu limpo e estrelado. Ao chegar ao Centro fiquei por alguns instantes a admirar a Lua cheia iluminando suavemente o ambiente como a completar um quadro aos sonhadores.

E pouco depois de me ajeitar na saleta de costume, mal tinha aberto o livro "Pão Nosso" para uma leitura, surge Geralda, a recepcionista de plantão naquele dia:

– Olá seu Anselmo! Um atendimento...

– Tudo bem. Já estamos prontos...

– Pode entrar, senhor...

Vendo que o visitante já ia entrando, Geralda se afastou acenando um até logo...

– Lorenzo, Lorenzo Bernadonne – interveio o visitante se apresentando.

Levantei-me para cumprimentá-lo, indicando uma cadeira para se acomodar.

– Muito prazer Sr. Lorenzo. Então, veio conhecer nossa Casa?

– Foi por recomendação de um amigo que tempos atrás andou pedindo ajuda de vocês e foi atendido pelo senhor. Sugeriu que o procurasse, caso ainda estivesse em atividade por aqui, pois pelo seu modo de conduzir as entrevistas, ele achava que eu me sentiria mais à vontade para expor a situação que estou vivendo. Mas, se não puder me atender hoje, seu Anselmo, venho outro dia, sem qualquer problema.

Lorenzo devia estar na faixa dos quarenta anos, talvez um pouco menos. Ligeiramente calvo, bem vestido, com terno e gravata, indicando um ambiente de trabalho formal. Sua ressalva de voltar outro dia, se fosse o caso, soou como tentativa de fuga da conversa que iriamos ter.

– De jeito nenhum, Lorenzo. Estamos aqui para isso mesmo, sem qualquer problema. Mas, já tinha tido contato ou tem algum conhecimento sobre o espiritismo?

– Apenas de conversas com amigos e como curiosidade, sem nunca dar maiores atenções a essas questões. Minha esposa é católica praticante, mas eu apenas a respeito e acompanho, sem opor qualquer empecilho à orientação religiosa que ela dá aos meus filhos. De fato, nesta área, não creio e nem descreio. Prefiro ser mais objetivo em tudo o que faço.

– Vejo que você é uma pessoa bastante determinada. Profissionalmente, qual sua área de atividade?

– Bolsa de valores, sou sócio em uma corretora já há muitos anos atuante no mercado e temos uma boa clientela. Imagino que o senhor conhece o mercado de valores, não é mesmo?

– Sim, há muitos anos atrás andei investindo em ações e tenho amigos que se tornaram especialistas nesse tipo de investimento. Não persisti, mas sei que conhecendo bem como funciona, é uma excelente área de atuação. Mas, percebo que financeiramente e com a família, parece que está tudo bem. Então, o que está lhe afligindo?

– Estou viciado, seu Anselmo.

– Drogas?

– Não, sexo...

A resposta foi como se estivesse se liberando de um peso, tentando dissimular seu desânimo e vergonha.

– Fique tranquilo, Lorenzo. Vamos conversar sobre esse assunto. Muito focado e objetivo em torno dos aspectos materiais da vida, você deixou de dar atenção aos espirituais. Mas, se já conseguiu se reconhecer como portador de um problema e precisar de ajuda, então a solução está a meio caminho. Quer falar mais sobre isso?

– Pois é, seu Anselmo. Como já lhe disse, sou casado e bem casado. Amo minha esposa e filhos e nosso relacionamento é tranquilo e praticamente sem problemas. Apenas às vezes a surpreendo pensativa e triste, mas sempre justificando como preocupações com as dificuldades de amigas, sem nunca me convencer realmente. Sou dez anos mais velho que minha esposa e, enquanto solteiro, tive uma vida sexual bastante ativa e variada. E, ultimamente, é como se estivesse saudoso e não consigo mais me esquivar das oportunidades que constantemente me surgem. Fico pensando nisso o tempo todo e no dilema entre atender meus impulsos ou manter um clima de saudável harmonia em minha família. Apesar de dar minhas escapadas sempre com muito cuidado e discrição, sem nunca ter notado qualquer desconfiança de minha esposa, é como se eu sentisse ela ler meus pensamentos. E meu casamento está desandando, seu Anselmo...

– E ela de fato lê seus pensamentos, Lorenzo...

– Como assim?

– Sim, inconscientemente, ela lê seus pensamentos, bem como, da mesma forma, você lê os dela... Vamos ter muito a conversar, Lorenzo. Vai precisar de paciência e atenção com o que vou lhe explicar e, assim mesmo, superficialmente. Serão apenas as ideias fundamentais que você precisa considerar para entender melhor o que está se passando consigo e conseguir equacionar a situação que está enfrentando. O processo é similar ao que você utiliza ao analisar as possibilidades no mercado de ações, usando a racionalidade, mas enfocando as questões relacionadas com a espiritualidade humana. Está disposto?

– Vim aqui para isso, seu Anselmo. Vamos lá...

– Bem, o primeiro conceito a assimilar, é que você, bem como, cada um de nós, somos todos espíritos, como motoristas dentro de um carro que nos permite rodar por aí. Estamos apenas vestindo um corpo material para podermos nos manifestar neste mundo enquanto aqui estivermos encarnados, ou como comumente dizemos, vivos. E, quando morremos, o que deixa de funcionar, de nos ser útil, é o corpo material que estivemos utilizando, mas, nossa essência, que é o espírito, prossegue consciente e individualizado, com toda a carga de conhecimentos, sentimentos e emoções adquiridas em suas experiências vivenciais terrenas. De material mesmo, nada leva. E este processo de vindas para o mundo material e retorno aos mundos transcendentes, que designamos como reencarnações, se repete tantas vezes quantas forem necessárias ao nosso desenvolvimento e progresso intelectual e moral.

– Mas, seu Anselmo, como pode ter tanta certeza disso. O que está me dizendo são conceitos religiosos, similares aos adotados por minha esposa, convicta em suas crenças, mas sem nunca conseguir me convencer...

– Meu caro amigo, como você toma suas decisões ou aconselha os clientes na aplicação de seus recursos?

– Ora, racionalmente – retrucou Lorenzo. – Analiso as informações disponíveis, checando várias fontes, bem como sua confiabilidade: balanços, estatísticas, administradores, tradição, tendências, opinião de outros analistas e assim por diante...

– Pois é, mas nenhuma dessas informações isoladamente lhe dará certeza em suas decisões. E mesmo assim, com várias fontes convergindo para uma mesma orientação que seja considerada recomendável, de vez em

136

quando, as coisas nem sempre seguem como esperado. Não é mesmo? Pois nas questões da espiritualidade humana, ocorre algo parecido. Em geral, os mais céticos querem provas materiais e, como o espírito não é matéria, não há como atendê-los. A convicção com maior ou menor grau de certeza é conseguida analisando cada tipo de fenômeno criteriosamente a partir de várias fontes confiáveis de informações até se chegar à conclusão de sua veracidade. A existência e sobrevivência do espirito humano, por exemplo, no espiritismo, não é uma questão apenas de fé, mas de conhecimento, a partir da pesquisa e análise de inumeráveis fenômenos detalhadamente descritos na literatura. Um dos primeiros que causou grande repercussão na imprensa ainda no século XIX foi o das irmãs Fox, em Hydesville, nos Estados Unidos. Começaram a brincar com as pancadas que eram ouvidas na casa alugada onde moravam e acabaram estabelecendo contato com o espírito de um caixeiro viajante que dizia ter sido morto naquele local, para roubarem suas mercadorias. Muitos anos mais tarde, durante uma reforma, mesmo depois de muitas tentativas infrutíferas, acabaram encontrado atrás de uma parede falsa o seu esqueleto. No Brasil, são famosas as cartas psicografadas por Francisco Cândido Xavier de pessoas falecidas em situações complicadas, com a caligrafia e assinatura dos mesmos, atestadas por calígrafos e aceitas como provas nos tribunais.

Nesta altura de nosso diálogo, comecei a sentir alterações no ambiente, como se estivéssemos envoltos em uma névoa escura e com a aproximação de suave luminosidade. E, mentalmente agradecendo e pedindo pela ajuda que estava a chegar, prossegui:

— No entanto, meu caro, de nada adianta agora muita conversa. Acredite, somos espíritos e precisamos nos

conscientizar disso. Continuamos todos nos influenciando, estejamos mergulhados na carne ou despidos dela.
*Pare de desperdiçar esta sua oportunidade de vida e fi-
car perdendo seu tempo se deleitando nessas modernida-
des da tecnologia com ilusórias fantasias sexuais que só
estão a empurrá-lo para o despenhadeiro dos vícios.
Procure estudar para aprender a apreciar as verdadeiras e permanentes belezas femininas, que são as da alma.
Garanto meu querido que se sentirá muito mais recom-
pensado e em paz consigo mesmo. Nós, que tanto te amamos, estamos sempre prontos para ajudar e proteger,
mas você precisa aprender a sentir nossa presença e assimilar o que você realmente carece. Quer mesmo, ser
feliz com sua família? Então dê mais atenção a sua espiritualidade. Aceite a orientação que estão lhe passando.
Fique em paz e que Deus o abençoe!*

Não sei explicar bem o que aconteceu. A fala foi
mais rápida do que de costume e, quando parei, Lorenzo
me olhava assustado e surpreso.

– O que foi isso, seu Anselmo!?

– Como assim? Quis me referir a filmes belíssimos
que podemos encontrar exaltando a sensibilidade, beleza
ou virtudes das almas femininas. Apenas como exemplo,
já assistiu "Uma linda mulher"? É muito interessante sob
o enfoque do problema que você está enfrentando.

– Sim, entendi de imediato, pois, realmente ando viciado em assistir filmes demasiadamente pesados e exci-
tantes, pornográficos mesmo... Mas, ouvi como se fosse
minha falecida avó Carolina, de fala rápida e voluntariosa, estivesse a me repreender e, além disso, em italiano!

– Pois, então, você acaba de presenciar um fenômeno espírita, que mesmo comigo, nunca havia aconte-

cido. Para mim, falei em português, sentindo alguma inspiração, e só percebi algo diferente nas últimas frases e você ouviu em italiano e como se fosse sua avó lhe passando uma reprimenda. O que você está me dizendo, nem mesmo percebi e vou ter de pesquisar na literatura e com meus amigos espíritas mais experientes para entender melhor o que aconteceu.

Ficamos parados olhando um para o outro, ele ainda assustado e eu raciocinando qual a melhor conduta para concluir nosso atendimento. Mas, foi Lorenzo que tomou a iniciativa de recomeçar, inicialmente sem me encarar, mãos juntas se apertando com nervosismo:

— É, seu Anselmo, ela realmente me fez doer de vergonha a orelha. Eu me sentia como se fosse seu neto preferido quando era criança. E, o interessante, é que ela fazia todos os seus outros netos, meus primos, se sentirem da mesma forma...

— Uma das belezas da alma feminina, Lorenzo, que nem sempre reconhecemos...

— Então, o que preciso fazer?

— O que recomendo, para começar, um Tratamento Espiritual aqui conosco. Vai clarear sua mente ao assistir as palestras e lhe repassar energias para se recompor e reforçar sua vontade de seguir por novos caminhos. E, se for o caso, encaminhar a ajuda que alguma de suas companhias espirituais esteja precisando. No mais, se conseguir tempo e motivação para vir estudar conosco, seria excelente. Para lhe ajudar neste início vou lhe entregar da biblioteca dois livros: "Pensamento e Vida" – que vai lhe ajudar a vigiar seus pensamentos, porque é através daqueles que cultiva que atrairá as boas ou más influências. E elas estarão sempre atuando sobre você, independentemente de sua vontade. E, sendo assim, é bom aprender a atrair somente as boas, é claro... O outro: "Sexo e Consciência" – que reúne muitas palestras de Divaldo Pereira Franco, um dos expoentes do espiritismo de nosso tempo, onde você na certa vai conseguir entender melhor o que está se passando consigo no momento.

– E como faço este tratamento?

– Vamos preencher sua ficha e lhe passo a orientação a seguir. Será como vir a um hospital para consultas, procedimentos e medicamentos, mas, para a alma.

Mas, mesmo depois de lhe ter entregue a orientação e os livros sugeridos, percebi hesitação, desânimo e tristeza em Lorenzo. Como a esperar algo mais.

– Tudo bem, Lorenzo? Alguma dúvida ou quer conversar mais um pouco?

– Não sei se vou conseguir me controlar, seu Anselmo...

– É uma questão de valorização, prioridade e raciocínio. No sexo sem amor, a gente está valorizando e priorizando apenas nossos instintos. No entanto, usando serenamente nosso raciocínio, vamos entender que o sexo é apenas um atrativo, uma isca para aproximar as pessoas de sexo oposto para a convivência e reprodução. Não há nada de mal com ele e de nada adianta demonizá-lo ou exclui-lo de nossa personalidade. Vamos, isso sim, é precisar dele ainda muitas e muitas vezes, tanto para reencarnarmos, como para que possamos proporcionar a reencarnação aos que precisarem retornar à escola da vida terrena por nosso intermédio. E a beleza, a realização, o mais gratificante, enfim, resultante do sexo, não são apenas os prazeres momentâneos e fugazes dos momentos em que o praticamos, mas nos que virão depois, muito mais valiosos, da convivência em família, partilhando dificuldades, realizações e alegrias. Apenas instinto, sem controle, nada resulta capaz de nos manter com consciência tranquila, sem qualquer sentimento de culpa por explorar insensivelmente as carências e fraquezas alheias. Atrás de cada pessoa ou imagem a ofertar oportunidades na satisfação de nossos instintos sexuais, tenha certeza, você sempre poderá encontrar alguém infeliz, em sofrimento, carente de esperança, conforto e ansiando por um amor verdadeiro e duradouro.

Mais uma pausa em silêncio, como se estivéssemos nos observando e era o que realmente acontecia. Lorenzo continuava atento, mas com um olhar distante e nostálgico, provavelmente, pelas mudanças comportamentais que já começava a sentir como necessárias. E então percebi sombras espirituais que dele se afastavam irritadas:

— *"Vamos embora enquanto é tempo, pois essa conversa está nos fazendo mal!"*

Era como se tivessem perdido a sintonia com à vítima que as atraia e se mantinham agarradas, mutuamente se satisfazendo em seus anseios. Então, prossegui:

— Meu caro Lorenzo, procure entender e raciocinar. Sexo em demasia e sem amor não se orienta para sua finalidade real e mais elevada que é a de possibilitar a experiência da vida terrena aos espíritos que conosco melhor se sintonizam de conformidade com nossas necessidades e merecimentos. Tudo em razão de nossas vivências passadas recheadas de amores que precisamos consolidar ainda mais, ou ódios a serem lentamente trabalhados em sentido contrário. Ficar centrado apenas no prazer sexual momentâneo e fugaz, conduz à viciação, à semelhança das drogas, alcoólicos, jogos ou qualquer outra atividade que se torne compulsiva. Pelos pensamentos que cultivamos, podemos nos deixar à mercê de influências espirituais maléficas que se aproveitam de nossas eventuais tendências negativas, reforçando-as ainda mais e tornando cada vez mais difícil nos libertarmos da viciação. E sem amor, que implica também em carinho, atenção, respeito, compreensão e tolerância com as naturais limitações e carências que carregamos, nunca encontramos satisfação e realização em nossos relacionamentos, em constantes trocas em busca daquele ideal egoísta da perfeição do outro, mas incapazes de se olhar no espelho, de enfrentar a realidade da própria alma... É na velhice, Lorenzo, que a gente pode perceber a diferença entre as alegres comemorações familiares com os que as geraram e os que terminam solitários, tristes, saudosos de passados prazeres e vazios de afetos verdadeiros...

E, com um suspiro, Lorenzo retrucou:

– Acho que levei uma sacudida, seu Anselmo! Vou meditar sobre tudo o que me disse. De fato, já andei percebendo essas diferenças até entre meus amigos e dá perceber por onde uns e outros estão a caminhar...

Ele já ia se levantando para se retirar, mas prossegui com mais algumas recomendações repassadas por sua avó Carolina, a se mostrar como uma matrona simpática e sorridente postada atrás de Lorenzo como a protegê-lo carinhosamente e comentando:

– *"É um bom menino, mas se deixou envolver por más companhias e estava precisando de um bom puxão de orelha! Obrigada por ajudar!"*

Assim, atendendo ao que me pedia, prossegui:

– Mas, é importante que não se sinta frustrado, culpado ou inferiorizado como homem por ter de se controlar em seus impulsos. Precisa mesmo é compreender e raciocinar, procurando sentir como se estivesse no lugar de sua esposa ao perceber, ainda que de forma inconsciente, como você está se comportando. Se você realmente a ama, vai perceber o sofrimento, o desconforto, a insegurança que está lhe provocando. Daí é só raciocinar: *"não faça aos outros o que não queres que te façam"*. Se não conseguir entender, assimilar e praticar o que disso decorre, estará plantando a necessidade de experiências vivenciais capazes de transmitir com eficiência este ensinamento. Talvez, até tendo de assumir futuramente uma condição feminina e sendo tratada de forma similar à que agora submete sua esposa. Logo, se nos amamos mesmo, é bobagem e irracional estarmos a semear situações desagradáveis, embora educativas, para enfrentarmos no futuro. Se podemos aprender agora, aplicando os conhecimentos sobre as Leis da Vida que nos foram colocados à disposição, para que deixarmos para depois e de forma mais difícil e sofrida?

– E, nada de desânimo ~ continuei mesmo sentindo que ele já se dava por satisfeito. – Procure assistir a palestra de Cesar Braga Said, "Floresça onde estiver" que pode ser acessada facilmente pelo Canal da FEP no YouTube. Garanto que vai se sentir inspirado a tomar um novo rumo em sua vida.

– Tudo bem, seu Anselmo! Acho que o senhor me colocou em uma ducha espiritual hoje e vou fazer o tal do Tratamento Espiritual. Vamos ver se funciona...

– Se conseguiu sentir racionalidade e lógica em tudo o que expliquei, tiver mesmo vontade de se controlar e fizer com confiança em si mesmo, em Deus Pai e em seus anjos da guarda, pode ter certeza que vai funcionar. Qualquer dúvida ou recaída, volte a nos procurar e vá com Deus, certo de que Ele o está abençoando e protegendo a cada instante.

****

Na semana seguinte à última prevista para o tratamento, Lorenzo me encontrou antes da palestra.

– Boa noite seu Anselmo!

– Boa noite Lorenzo! Como está passando e se sentindo?

– Bem melhor. Meditando e raciocinando um pouco mais, a partir das leituras que me recomendou, mas ainda um tanto inquieto. Dá para prolongar o tratamento por mais algum tempo?

– Tranquilo e sem qualquer problema. Prossiga por mais três semanas. Mas, quando puder, procure se inscrever em um dos grupos de estudo para iniciantes. E, sem se preocupar em continuar tomando passes, pois estando lá já vai receber o que necessitar dos amigos espirituais que assistem seus coordenadores e participantes. Além disso, de certa forma, estes grupos também funcionam, embora sem este objetivo, como uma espécie de terapia em grupo. Isso porque seus participantes, conforme vão se conhecendo e se abrindo em suas dúvidas, questionamentos e opiniões, vão mostrando que não somos os únicos portadores dos problemas que mais nos preocupam.

– Certo, seu Anselmo! Mas, nos estudos, vou preferir na quinta-feira. É o meu dia mais liberado à noite...

Com o tempo, Lorenzo passou a trazer os filhos para a evangelização nos domingos e, de vez em quando até com a companhia de sua esposa.

Com a ajuda de seu Anjo da Guarda familiar, seus esforços, pelo menos no que se podia observar, foram muito bem sucedidos...

12 – REPRODUÇÃO

Esta estória começou com um telefonema em horário um tanto inconveniente, porque há os que costumam dormir mais cedo, mas que não é o meu caso. Já passava das dez da noite e ainda estava a ver vídeos na internet quando atendi a chamada:

– Boa noite, seu Anselmo?

– Sim, boa noite...

– É a Ademira, do grupo de estudos das quintas à tarde. Foi o senhor que me atendeu da primeira vez que estive lá no Centro e foi a Geralda que me deu seu telefone. Desculpe-me por ligar a esta hora, mas ela me disse que o senhor comentou que não costuma dormir cedo...

– Tudo bem Ademira. Sem qualquer problema. De fato, quase sempre fico enrolando até mais tarde da noite. Mas, o que a está preocupando?

– É só mesmo ansiedade para me acertar melhor com o Jacinto, meu marido. Está tudo bem conosco, mas vejo o tempo ir passando e os filhos ainda não vieram. Quero, mas ele acha que não temos condições para isso. Não é uma questão de briga, mas de convencimento. E gostaria de levá-lo comigo no Centro para conversarmos.

– Pode ser na terça à noite? Logo depois das dezenove horas já estou liberado...

– Combinado, seu Anselmo! Se houver qualquer problema e não pudermos ir, lhe aviso. Obrigada!

Ademira e Jacinto era um casal de frequentadores do Centro Espírita, mas há pouco tempo. Ela, mais assídua, já se havia se integrado a um grupo de estudos. E ele apenas a acompanhava nas palestras da noite esporadicamente. Aparentavam idades próximas um do outro, mas já passando dos trinta. E isso tem se tornado comum na atualidade, com os casais postergando a vinda dos filhos para mais tarde e, às vezes, para bem mais tarde...

De fato, eu já havia atendido vários casos no sentido contrário, de casais em busca de ajuda espiritual e se esforçando com custosos tratamentos para conseguirem a gravidez. Mas, o de Ademira foi novidade.

E, conforme havia sido combinado, na terça à noitinha, quando a porta do Centro foi aberta, já lá estava o casal vindo ao meu encontro.

– Boa noite, Ademira, Jacinto! Pontualidade britânica! Muito bom terem vindo cedo, quando todas as salas ainda estão disponíveis. Vamos lá para nosso cantinho preferido.

– Boa noite, seu Anselmo! Ademira praticamente me arrastou para cá de tanta ansiedade. Porque tanta pressa?

– Foi preciso! Se não fosse assim, ia ficar me enrolando – retrucou Ademira. – Boa noite seu Anselmo e muito obrigado por se dispor a nos atender.

E lá fomos para nos ajeitarmos. Mas, deu para perceber que o ambiente não era de conflito e que nossa conversação não seria infrutífera.

Jacinto, ao se sentar já tomou a iniciativa da começar com seus argumentos.

– Pois é, seu Anselmo, não sei o que deu na cabeça da Ademira para querer engravidar. Ainda estamos nos acertando na vida, tudo está tão difícil e não sinto estar em condições de assumir a responsabilidade por filhos no momento. Ainda somos novos e ela nem chegou nos trinta e cinco. Seria mais seguro deixarmos para um pouco mais tarde. Penso que, se é para termos filhos, devemos estar preparados e em condições de proporcionar-lhes uma boa qualidade de vida...

Com ar tristonho, Ademira interveio suspirando:

– Pois é, seu Anselmo, mas eu não penso desse modo. Se continuarmos assim, vamos ter uma velhice solitária e eu também não me sinto tão jovem. Da minha família, só eu entre as mulheres estou chegando nesta idade ainda sem filhos...

– Bem – aparteei. – Vocês vieram aqui para ouvir uma terceira opinião, não é mesmo? Já entendi o problema e não tenho nenhuma pretensão de decidir por vocês qual o caminho mais adequado a seguir. O que posso é levantar alguns aspectos capazes de esclarecer melhor as coisas. Do ponto de vista materialista, a decisão de não ter filhos, ou de ir postergando isso para mais tarde, tem sido um comportamento comum na atualidade. Parece lógico e racional, mas apenas na aparência. Ter filhos já na adolescência peca pela falta de maturidade, embora no passado fosse comum as moças se casarem e já irem formando famílias numerosas nesta faixa de idade. Deixar para muito mais tarde, por outro lado, vai ao contrário das necessárias e desejáveis condições de saúde e vigor físico para bem se conduzir ante os naturais desconfortos do período da gravidez. Dessa forma, do ponto de vista, materialista, repito, a decisão fica dentro da racionalidade na análise do momento vivenciado, considerando tanto os prós e contras, como as possibilidades de riscos ou insucessos em postergar a vinda dos filhos.

– Riscos? – aparteou Jacinto.

– Sim, existem riscos, embora os recursos da medicina tenham evoluído bastante, conseguindo diminuí-los.

E é só consultar na internet para encontrar as recomendações e motivos quanto à melhor idade para engravidar.
Além disso, embora tenha convicção que nada seja por
acaso, ao longo da vida tive a oportunidade de conhecer
vários casais que deixaram os filhos para idades mais
avançadas, vindo a ter de atendê-los com limitações diversas de ordem física ou mental. Assim sendo, mesmo
dentro de um ponto de vista puramente materialista, é
bom ficar ciente dos alertas da medicina convencional.

– É um dos aspectos que já tenho conversado com
ele, seu Anselmo – comentou Ademira.

– Mas, hoje em dia, até vovós estão engravidando,
Ademira!

A ressalva de Jacinto foi em tom de diminuir a importância, gravidade e seriedade quanto ao tema em dis-
cussão. Então resolvi ir direto ao ponto:

– Jacinto, qual era a idade de sua mãe quando você
nasceu?

– Vinte e cinco e eu já fui o número quatro...

– Sua família tinha, na ocasião, absoluta tranquilidade financeira?

– Não mesmo! Meu pai dando duro como pedreiro e
minha mãe até costurando para ganhar mais alguns troca-
dos! Não quero para um filho meu o que passei na minha
infância!

– Imagino que você, mesmo acompanhando de vez
em quando a Ademira nas palestras, tem pouquíssimo conhecimento da Doutrina Espírita, correto?

– De fato, seu Anselmo, sou mais terra a terra. O que
ouço não me prende a atenção e nem me ajuda a raciocinar como resolver os problemas que enfrentamos.

– Então, creio que você não está motivado a ouvir

nossas explicações. Logo, será perda de tempo e cansativo para você ficar nos ouvindo e não quero e nem devemos forçá-lo a isso...

Ademira nos olhava com tristeza e desconsolo, segurando as lágrimas. E naquele momento me veio a cena de uma dupla, um adulto e um menino a pescarem lambaris às margens de um riacho. Arrisquei a prosseguir com o que estavam a me sugerir:

– Diga-me, Jacinto, se a cena que vou descrever significa alguma coisa para você. Um adulto e um garoto, a pescarem lambaris em um local muito bonito e com um entardecer maravilhoso. Provavelmente pai e filho. O garoto a fazer um sinal de silêncio para não espantar os peixes e o adulto a responder alegre da mesma forma. E a consulta que lhe fazem: *"– Vamos pescar juntos novamente?"*

– Ora, seu Anselmo, com quem que o senhor andou conversando? Essa é uma das lembranças que guardo com maior carinho e saudade! Era uma das poucas diversões que dispúnhamos nos fins de semana com meu pai e eu era seu companheiro mais animado. E tudo acabou quando ele faleceu e eu tinha pouco mais de onze anos... Pescar juntos novamente? Qual o significado disso?

– Pois é, meu caro, para entender terá de nos ouvir e com muita atenção se estiver disposto.

E, dessa vez, era ele que estava a segurar as lágrimas.

– Tudo bem, seu Anselmo. Agora acho que não tenho mais como continuar fugindo e disfarçando com Ademira que compartilho com suas crenças espíritas. Depois que meu pai se foi, nunca mais comentei com ninguém como gostava de estar com ele naquelas pescarias...

– Então vamos lá, Jacinto. Será difícil lhe passar

tudo de uma vez, mas vou tentar bater os aspectos básicos para que possa compreender o que se passa. Reencarnação – este é o conceito chave. Ou seja, na essência, somos todos espíritos que periodicamente, pela reencarnação, se inserem no mundo material servindo-se de um corpo físico; quando este deixa de funcionar, é o que designamos como morte, ou desencarnação. E isso se processa inumeráveis vezes, ciclicamente, com os espíritos estagiando por períodos variáveis em uma ou outra condição. E é como se fosse uma escola, em cada oportunidade vindo ao mundo terreno com uma verdadeira programação de vida, que montamos ou somos ajudados a montar, tendo em vista nossas necessidades ou merecimentos. Enfim, por mínima que seja, convivendo sob o mesmo teto com uma espírita, você deve ter alguma ideia do que seja a reencarnação, não é mesmo?

– Sim, nada em profundidade a ponto de me convencer e me tornar realmente um adepto, mas conheço as ideias principais.

– Pois é, meu caro, a vida é como se fosse uma escola. Em cada etapa, o programa de estudos seguinte fica na dependência do aproveitamento da etapa anterior. Ensinamentos que não foram bem assimilados, implica na necessidade de repetir lições ou experiências. Bons resultados significam merecimentos para galgar etapas cada vez mais elevadas. E como em uma só existência não conseguimos aprender tudo e nos livrarmos de nossas imperfeições, dívidas ou vícios, são necessárias inúmeras reencarnações em nosso processo evolutivo. E, em cada uma delas, temos de encontrar aqueles que nos aceitem como filhos, com o melhor ajustamento mútuo possível com relação às necessidades e possibilidades de parte a parte. Deu agora para entender o significado da frase que mexeu tanto consigo?

– É meu pai precisando voltar?

– Desta vez, a mensagem me veio apenas por intuição. Nem sempre consigo captar com total certeza. Mas, tem uma certa lógica, não é mesmo? São lembranças que lhe deixaram marcas e com detalhes que só mesmo você poderia confirmar. E, se vocês tinham uma convivência tão harmoniosa, prematuramente interrompida, seria natural voltar com você como filho, ou talvez neto, dependendo dos objetivos que tenha em vista atingir em mais uma oportunidade de vida terrena. A lembrança das pescarias foi uma forma de identificação e convencimento. Seja como for, Justino, entenda o que aconteceu como um apelo para fazer rolar a roda da vida. Você, para chegar até aqui, pode ter feito a mesma coisa com seu pai, convencendo-o a recebê-lo como filho. Minha sugestão é que vocês leiam juntos o livro "Nossos Filhos são espíritos", de Hermínio C. Miranda. Vai esclarecer a maioria das dúvidas que possam surgir antes de se decidirem. Além disso, a Ademira já tem um bom conhecimento, mesmo como iniciante, dos aspectos principais da Doutrina Espírita e, qualquer dúvida, venham conversar conosco novamente.

Justino encarou sua esposa por alguns instantes, como se estivesse hesitante, mas terminou dizendo sorridente e carinhoso:

– Tudo bem, meu bem! Você venceu a parada!

****

Passados alguns meses, Ademira realmente engravidou e aos poucos o casal foi espaçando a frequência ao Centro. Só alguns anos após é que, através de amigos, ficamos sabendo que os filhos realmente lhes chegaram, mas nos limites preferidos na atualidade, apenas um menino e uma menina.

É interessante matutarmos um pouco sobre a problemática de nosso tempo em torno das questões referentes à sexualidade, como se fosse uma radical reação à recomendação bíblica: "crescei e multiplicai-vos". Ou seja, é a exacerbação e liberação da prática sexual de todas as formas imagináveis, mas sem qualquer respeito a considerações éticas, morais ou espirituais e sem ser direcionada, ou mesmo evitando, o objetivo primordial para o qual foi criada: a reprodução.

Aparentemente está tudo errado. No entanto, podemos ver alguma lógica no que está acontecendo.

Na natureza, hoje conseguimos verificar, com a ajuda dos modernos meios de observação, o maravilhoso equilíbrio existente entre as diferentes espécies animais e vegetais, com funções específicas de uns e outros, ora como predadores, ora como presas, uns servindo de alimento para os outros na cadeia alimentar. E como se existissem mecanismos naturais de ajuste da capacidade reprodutiva com a fragilidade das presas ou com o poder de captura dos predadores: quanto mais vulneráveis, mais prolíferos; quanto mais poderosos, menos prolíferos.

Na evolução de nosso planeta o homem acabou se apresentando como o seu mais poderoso predador, inclusive de si mesmo. E por não ter atingido ainda a maturidade para controlar melhor seus instintos mais primitivos, tem se deixado levar pelo orgulho, vaidade e egoísmo, entregando-se a um materialismo ignorante dos aspectos espirituais da vida e deixando grassar a ignorância e a miséria que, desassistida, torna-se natural e irresponsavelmente mais prolífera, que resulta na atual e aparentemente incontrolável explosão populacional.

Deu para entender?

Diriam alguns: é a "natureza" interferindo na reprodução humana, diminuindo o seu ritmo de crescimento ao fazer grassar entre suas hostes a confusão e os desvios sexuais de sua finalidade reprodutiva.

Entretanto, sabemos muito bem da inquestionável existência de Deus, a "inteligência suprema, causa primária de todas as coisas", que ainda não temos capacidade para entender, mas que a cada dia vamos concluindo e nos convencendo cada vez mais de Sua Perfeição, Sabedoria, Justiça e Amor presentes em toda a Sua Criação.

Ora, esta confusão comportamental coletiva deixa mais do que evidente a necessidade de um salto da humanidade para níveis éticos e morais mais elevados. E a evolução do conhecimento e da tecnologia sob o domínio apenas do materialismo não será suficiente para conduzir a humanidade para os padrões de vida capazes de satisfazer o que tanto idealiza: paz, fraternidade e amor.

Assim, atrás dessa aparente desordem, deve haver algum propósito e, ainda que demore algum tempo, que para nós individualmente pode parecer longo, na medida em que se propaguem com o vigor latente nos ensinamentos das leis divinas que presidem a evolução da vida em nosso planeta, com a devida consideração de seus aspectos espirituais, tudo haverá de mudar para melhor.

É esperar e colocar mãos à obra. Jesus já nos ensinou o caminho e o que fazer para chegarmos até lá...

Com certeza, ainda precisaremos reencarnar muitas vezes. E, recusar tarefas agora, será plantar as correspondentes dificuldades que teremos de colher mais atém...

13 – LIDERANÇA INFELIZ

Foi uma das situações mais difíceis que tive de administrar. Até já tinha me esquecido do caso com o traficante de drogas, quando naquela noite me encaminharam mais um atendimento.

– Seu Anselmo...

– Pois não! Seja bem-vindo!

A postura do recém chegado não era de quem vinha em busca de ajuda e nem amigável. Geralda nem teve tempo de apresentá-lo. Alto, porte atlético, bem vestido, jaqueta jeans, depois de sentar-se na cadeira que lhe ofereci, retirou os óculos escuros, cruzando as mãos sobre a mesa e me encarou de uma forma enigmática que pressenti como ameaçadora. A forma como se dirigiu a mim ao chegar já foi de questionamento, como a certificar-se com quem estava falando:

– Sou eu mesmo, Anselmo. Recebeu a indicação de alguém para que me procurasse, senhor?

– O meu nome pouco importa, mas pode me chamar de Luciano. De fato, tive informações de que possivelmente foi você que atendeu um de meus melhores funcionários tempos atrás. E estou curioso, Anselmo, pois ele simplesmente se evaporou depois disso. E coisas assim prejudicam meus negócios...

A fala me pareceu ameaçadora e, pedindo ajuda, a inspiração foi de responder sem enfrentamento.

– Bem, senhor Luciano. O que fazemos aqui é sempre no sentido de explicar as ideias básicas da Doutrina

154

Espírita que nos ajudam bastante a redirecionar nossa vida quando percebemos estar trilhando algum caminho equivocado. As decisões ficam por conta de quem veio buscar esclarecimentos. Jamais dizemos o que as pessoas devem ou não fazer. Imagino que o senhor nada conhece sobre o espiritismo. Estou enganado?

Sorrindo, em tom de chacota e ameaça, jogando o corpo mais para trás na cadeira, o visitante replicou:

– Não vim aqui para isso, mas vamos lá, me repasse um pouco do que pode ter dito a ele.

– A ideia básica, meu caro, é que absolutamente tudo o que pensamos, falamos ou fazemos acaba voltando, mais cedo ou mais tarde, para nós mesmos. Seja nesta ou em nossas próximas existências. Se emitimos amor, tolerância, fraternidade, é isso que teremos de volta; se for o contrário, o retorno será correspondente. Colhemos a cada dia o que andamos semeando no passado; colheremos mais além, o que agora estamos a semear. O que vem de bom em nossa vida, ou seja, as boas colheitas são respostas das boas semeaduras que fizemos por merecer; as más, como ensinamento, expiação ou reparação.

– Apenas crenças, Anselmo... A realidade da vida é bem outra. Pode imaginar quem sou eu e do que sou capaz de fazer quando me sinto contrariado?

– Não, Luciano. Não são apenas crenças. São conhecimentos. Tão válidos e reais como os defendidos pela Ciência que estão a nos levar para as estrelas e a prolongar nossas vidas. Mas, isso seria impossível lhe convencer em um espaço de tempo tão curto quanto o que você pretende gastar conosco hoje. Quanto a quem você é o que é capaz de fazer, estou em comunicação com alguém me repassando uma série de fatos de sua vida. Mas, antes disso, deixe-me contar algo a título de exemplo.

Parei um pouco, tentando sentir se o diálogo teria prosseguimento. Atrás de Luciano percebi a presença de um casal ainda jovem, tristes, mas olhando com ternura para ele, e mais o meu amigo espiritual Laurindo. Presenças que me animaram a enfrentar a fera.

— Sabe Luciano, devo ter sido ladrão em passados distantes. Nesta vida nunca roubei, mas fui roubado várias vezes. Provavelmente, para me fixar um pouco mais na convicção de que isso é muito desagradável. E com certeza, também devo ter feito coisas muito piores que é melhor nem me lembrar. Há uns quarenta anos atrás, inclusive, em uma viagem, indo a um restaurante com mulher e filhos, tive o desprazer de ser abordado por um assaltante, que nunca soube ao certo se estava ou não portando uma arma, na mão enfiada dentro de uma bolsa. Ao me pedir dinheiro, na língua local, que minha esposa não entendia, lhe repassei uma nota. Ela irritada, pensando que eu estaria lhe dando uma esmola, saiu da mesa em que estávamos levando as crianças. O assaltante surpreso com a atitude de minha esposa, insistiu e lhe dei mais uma nota dizendo: "– É tudo o que tenho. Não vou lhe dar mais nada e faça o que quiser com sua arma..." – Com isso ele se foi exclamando: "– Fique tranquilo, homem. Você já me deu o que eu queria."

— E o que está querendo me dizer? – perguntou Luciano em tom de desafio.

— Que todos nós somos filhos de Deus, com total livre arbítrio para fazer o que julgarmos mais conveniente no momento, inclusive de matar, como foi o caso da ameaça do meu assaltante. Mas, com também total responsabilidade pelas consequências do que fizermos e da qual jamais poderemos fugir. Quanto a você sei de suas intenções nesta visita. No entanto, vai retornar levando algo muito diferente do que veio buscar. Para começar, seu nome não é Luciano e, sim, Waldinney da Silva Mattos Júnior, a quem estava subordinado no tráfico de drogas, seu funcionário Luiz Antônio, alcunhado por você como Luizinho Pó, não e mesmo?

Luciano retornou a sua posição anterior mais rente à mesa com expressão de surpresa, mas não lhe dei tempo para retrucar e continuei, agora de olhos fechados e concentrado com as ideias que me iam surgindo:

— E mais, Luciano, sua juventude foi com seus pais, Waldinney e Cristina morando em uma chácara nos arredores de uma cidade no interior do estado de São Paulo, interrompida tragicamente quando você ainda era criança, com pouco mais de dez anos. Um assalto estúpido e sem sentido, com a participação inclusive de um policial corrupto que tentou sem sucesso extorquir seu pai em certa ocasião. Você escapou por pouco, se escondendo em baixo da casa e acabou sendo acolhido e educado pelos seus avós maternos. Mas, a mágoa e ressentimento por tudo que aconteceu, permanecem até hoje, não é mesmo? Seu comportamento hoje, aparentemente honesto e responsável, no fundo é sua vingança contra a sociedade que permitiu a ocorrência daquela terrível tragédia em sua vida, onde até seu animal de estimação e companheiro de estrepolias foi cruelmente morto a tiros e pontapés...

— Quer mais ainda, Luciano?

— Como pode saber disso tudo? – questionou o visitante surpreso e assustado. – Nunca nos encontramos e não contei para ninguém que viria aqui hoje...

— É por isso que tentamos ajudar as pessoas repassando o que a Doutrina Espírita nos ensina. As coisas rotuladas como extraordinárias ou milagrosas que eventualmente acontecem nos meios espíritas são decorrentes dos relacionamentos que os médiuns podem eventualmente manter com a espiritualidade, de acordo com os dons que tiverem e com as necessidades do momento. De fato, você não teve qualquer prejuízo com o desaparecimento de seu subordinado. Quem o substituiu temporariamente é inclusive de sua preferência e seu amigo devia saber disso. Em sua "área de atividades", para cada posição de maior destaque ou importância, há uma verdadeira multidão à espreita para aproveitar a menor oportunidade que surja e sem medir meios ou consequências. Foi o que pressentiu seu funcionário desaparecido e é a mensagem que lhe repasso da senhora de olhar melancólico e ansioso, cabelos castanhos e longos reunidos em feixe e puxados para a frente de seu lado direito, muito bonita e aparentando pouco mais de 30 anos: *"– Saia enquanto é tempo, meu filho! Tudo que aconteceu foi necessário, para nós e para você! Arranque os espinhos de seu coração e comece a viver sem se afundar ainda mais em dívidas morais. E que Deus te abençoe! Estaremos velando por você!"*

A esta altura da conversa, Luciano havia se jogado para trás na cadeira, olhos fechados e lacrimejantes. Em seguida suspirou longamente, abrindo os olhos e me encarou fazendo notar que estava querendo se retirar.

– Fique tranquilo, Luciano. Você não corre qualquer perigo no momento. Continuarei tratando-o dessa forma e aqui não temos gravadores ou câmeras de segurança. Só as espirituais – comentei tentando aliviar o clima de tensão que antes havia se formado. – Creio que entendeu o que quis dizer com sair daqui com algo diferente do que veio buscar. Se quiser ler alguma coisa ou voltar a conversar conosco, fique à vontade. O nosso único desejo é ajudar as pessoas que nos procuram a encontrar por si mesmos o caminho que possa conduzi-las à felicidade possível de ser usufruída neste mundo. Nada mais do que isso. E sou um túmulo de todas as conversas que tenho...

– Tudo bem, seu Anselmo. O senhor conseguiu mexer com meus neurônios e vou meditar em tudo o que disse e aconteceu hoje. Jamais imaginei que isso fosse possível. E só a visão de meus pais a me cuidarem... Mas, deixe para lá... Voltarei outro dia para conversarmos melhor e se estiver disposto a me atender. E perdoe minha arrogância ao chegar.

Luciano se levantou colocando os óculos escuros, apertou minhas mãos entre as suas por alguns instantes e saiu apressado, emocionado e segurando o choro que, para ele, devia ser vergonhoso. Só tive tempo de dizer:

– Vá com Deus, meu amigo! E que Ele o abençoe e ilumine seu caminho!

E, sem se virar para trás, lá se foi apenas com um aceno de mão em agradecimento.

******

Alguns meses depois, ao ir no Centro proferir a palestra para a qual estava escalado pela manhã, reconheci Luciano entre os poucos assistentes que chegavam.

Depois da palestra, ao me retirar passando ao seu lado ele me segurou amigavelmente pelo braço pedindo:

– Pode me atender depois do passe, seu Anselmo?

– É Claro! Fico feliz de te ver aqui e estarei a sua espera lá na saleta...

Sua aparência havia mudado bastante, debilitado e

tristonho.

Pouco depois, entrou na sala em que o esperava e se sentou desanimado em minha frente:

– Pois é seu Anselmo, o senhor tinha razão. Naquele dia em que conversamos, sai levando uma experiência completamente diferente da que tinha em vista. Não conseguia entender e nem aceitar que o senhor pudesse saber tantos detalhes de minha vida. Coisas que nunca havia comentado com ninguém, inclusive. Acabei comprando alguns livros e pegando outros da biblioteca, conforme as atendentes aqui do Centro indicaram ao me fazer de curioso e interessado quando vim sem encontrá-lo. E, apesar de minha intenção maldosa de descobrir como vocês faziam isso, de qual era o truque afinal, creio que consegui captar alguma lógica e racionalidade no que defendem. Me impressionei bastante com os livros "Reencarnação", de Gabriel Delanne, e "Reencarnação e Vida", daquela escritora espanhola, Amália, se não me engano. E aqui estou, desta vez, bastante machucado no corpo e na alma, seu Anselmo, encucado e arrependido do que andei aprontando na vida...

Ante meu olhar de expectativa, prosseguiu:

– Dois meses atrás, descobri que estou com câncer. Já iniciei o tratamento e, do ponto de vista da saúde do corpo, estou relativamente tranquilo e confiante. Mas, mesmo assim, não sei bem porque, estou sentindo quase que uma compulsão para mudar de vida e essa doença veio como um aviso. E talvez tenha sido até providencial, como justificativa para que eu pudesse me afastar temporariamente das "atividades". Estou metido até o pescoço em um ambiente muito complicado e cruel, seu Anselmo. O senhor nem pode imaginar o que andei fazendo nos últimos anos...

160

– Mudanças para melhor, para o bem, são sempre oportunas, Luciano. Não sei se com suas leituras você se convenceu, mas, na verdade, a cada instante estamos a construir, com nossos pensamentos palavras e ações, as situações e problemas que teremos de enfrentar mais à frente. E nossos desacertos do passado podemos ir aos poucos reparando com as boas ações que venhamos a praticar. Daí a frase de que não podemos mudar o passado, mas podemos começar agora um novo futuro. E se você está propenso a mudar o rumo de sua vida, aproveite a oportunidade.

– E o que o senhor me aconselha para me tranquilizar um pouco mais?

– Um tratamento espiritual aqui no Centro. Se já está conseguindo administrar sua doença com os devidos cuidados médicos e seus relacionamentos com a organização a que está vinculado, aproveite a oportunidade para cuidar de seu lado espiritual. Será ajudado pela espiritualidade para conseguir a cura do corpo, bem como, esclarecido e inspirado nas providências que tenha de tomar para encontrar melhores caminhos em sua vida. Tudo o que vem lhe acontecendo evidencia a influência de seus amigos e protetores espirituais tentando recolocá-lo na direção de um futuro mais condizente com seus anseios e necessidades.

– E como faço isso?

– Apenas vindo para nossas palestras e passes nas terças-feiras à noite, umas três ou quatro vezes, e seguindo as instruções que vou lhe repassar.

– Algum custo? Posso trazer minha esposa comigo? Ela tem sido minha muleta nesses meses de tratamento...

– Custo algum e é até bom que ela faça o tratamento consigo. Sairão os dois fortalecidos, com bons propósitos e mais confiantes em Deus...

Depois de preencher e entregar a ficha de orientação, acrescentei:

— Vou lhe dar a indicação de mais dois livros que podem reforçar seus propósitos: "Filho de Deus", de Joanna de Ângelis, psicografia de Divaldo Franco, e "Pensamento e Vida", de Emmanuel, psicografia de Francisco Cândido Xavier. Ambos com mensagens curtas, boas para serem meditadas. O primeiro, ajuda a nos identificarmos como filhos de Deus, logo naturalmente merecedores de Seu Amor que é infinito, e poderíamos passar muito tempo falando das mensagens ali contidas. O melhor mesmo é ler, tirar suas próprias conclusões e sentir a presença d'Ele em sua vida. O segundo, alerta a vigiarmos nossos pensamentos de maneira a conseguirmos atrair a atuação de nossos amigos e protetores espirituais e nos defendermos das más influências. Devem estar disponíveis na Biblioteca, mas o melhor é ter em casa como livros de cabeceira. Se não for aqui, vai poder encontrá-los com facilidade nas livrarias.

— Vou seguir o que me recomenda, mas, infelizmente, não posso e nem devo manter uma rotina por muito tempo. Minha vida ainda está repleta de dificuldades e perigos. E é provável que depois desse tratamento dificilmente nos encontraremos de novo, seu Anselmo. De qualquer forma, seja o que for que aconteça, jamais me esquecerei e agradeço de coração o que me foi proporcionado entre as paredes desta Casa.

Foi nossa última conversa, pois só o vi outras vezes ocasionalmente nas palestras em que discretamente vinha com a esposa durante o tratamento espiritual. Depois desapareceu por completo e nunca mais soube se saiu mesmo ou não de suas "atividades".

162

A única notícia talvez tenha sito através da comunicação mediúnica de uma senhora agradecendo a ajuda que seu filho havia recebido tempos atrás na Casa, conseguindo escapar das atividades ilícitas em que havia se envolvido, mas sem citar qualquer nome que o identificasse. E, de fato, nomes ou confirmações não tem importância

O que realmente interessa é que, para cada caído a se levantar, há um reflexo e alegria na humanidade inteira. E apenas isso já é mais do que suficiente para justificar e animar os que participam de alguma forma no lento trabalho da regeneração da grande família humana.

14 – DEMORA DOS NETOS

Foi em mais um dia na rotina costumeira de esperar pelos atendimentos na saleta do Centro Espírita, na ocasião, lendo a última edição do recém entregue Jornal Mundo Espírita.

Entretido na leitura, mal percebi a entrada do casal Amanda e Gustavo. Ambos frequentadores assíduos e integrados há algum tempo nos grupos de estudo da Casa, quarentões e com filhos já saídos da adolescência. Ela, mais ativa, participando também de grupo mediúnico e das atividades assistenciais e extrovertida, foi logo se sentando e puxando a cadeira para o marido.

– Boa noite, seu Anselmo! Hoje tivemos sorte, pois pegamos o senhor desocupado...

– Tem certeza? Posso estar esperando alguém já agendado e vocês estariam furando a fila – respondi brincando para ver como ela reagiria e, se fazendo de encabulados, os dois ameaçaram se levantar.

– Brincadeirinha, minha gente! Não estou esperando ninguém. Muito boa noite e sejam benvindos – arrematei com um aceno para se acomodassem e me levantando para cumprimentá-los com um abraço.

– Quanto a isso, já sabia – respondeu Amanda sorrindo. – Perguntei a Geralda se o senhor estava esperando alguém.

– Tudo bem e é sempre bom conversarmos um pouco. Quais são as novidades?

– Pois viemos trocar ideias quanto à falta das novidades que gostaríamos de estar espalhando, seu Anselmo!

– Como assim? Ganhar na megasena, por exemplo?

– Não. Netos... Já está passando da hora e nada. Parece que nossos filhos e seus amigos nem pensam no assunto. E de nada adianta ficar cutucando. Querem aproveitar a mocidade, mas nada de responsabilidades ou compromissos.

– De fato, a gente percebe que as coisas estão mudando muito. No passado, havia preocupação em não sermos rotulados como solteirões ou, principalmente, solteironas, incapazes de encontrarem o cara-metade. Os filhos, vinham mais por recomendação religiosa na obediência ao "crescei e multiplicai-vos", ou para prosseguimento familiar, com ênfase nos descendentes masculinos, ou, ainda, para fornecimento de mão de obra nas famílias radicadas nas áreas rurais. Eram comuns as famílias numerosas, com muitos filhos, mas poucos sobreviventes chegando até a vida adulta. Depois veio a revolução sexual, os movimentos feministas, os avanços científicos e tecnológicos, tudo levando a uma diminuição cada vez maior nas taxas de natalidade e de mortalidade infantil. Êxodo rural na direção dos grandes centros urbanos, onde muitos filhos demandam recursos elevados para prover tudo o que necessitam em termos de alimentação, vestuário, saúde, educação e segurança. E acabamos nisso que estamos hoje a presenciar: a garotada só quer mesmo é gozar a vida, como dizem, mas sem encargos ou compromissos...

– E, mesmo assim, já passamos dos sete bilhões de habitantes – comentou Gustavo.

– De fato é um crescimento desordenado principalmente nas populações mais atrasadas, nas quais aplicaram os avanços da medicina para diminuir a mortalidade infantil e aumentar o tempo de vida das pessoas. No entanto, isso ocorreu sem que lhes fosse proporcionado a educação e os meios capazes de se organizarem de modo mais racional, mais ajustado com essas mudanças que nos levaram à atual e desequilibrada explosão demográfica. Nos países ricos e desenvolvidos, vem ocorrendo o contrário, uma progressiva diminuição da população nativa, obrigando a aceitar e incentivar a imigração como solução para a falta de mão de obra e para manter a economia funcionando. E é o que estamos presenciando por aqui. O País está, apesar de tudo, evoluindo economicamente e, com isso, a população com melhores padrões de vida, entra no ritmo dos evoluídos, em clima de negacionismo aos filhos, responsabilidades familiares, compromissos... Se acomodam a viver com os pais e vão deixando tudo para depois.

– A gente entende toda essa situação do ponto de vista das preocupações materiais que prevalecem nos mais jovens – aparteou Gustavo. – No entanto, espiritualmente como serão as coisas?

– Se observarmos a evolução humana sob o prisma da sexualidade nos relacionamentos, o progresso é mais do que evidente, mas não de forma igual em todo o mundo. No princípio, eram apenas os instintos muito próximos da animalidade, com a prevalência dos mais fortes impondo suas preferências e vontades. Ao começarem as famílias a se reunirem como formas de melhorar as condições de segurança e sobrevivência, surgiu naturalmente a necessidade das primeiras regras de organização e convivência. Mas, sempre mantendo o gênero masculino, por

166

ser o mais forte fisicamente, como dominante. E isso persistiu por séculos em quase a totalidade das sociedades que se organizaram. A mulher sempre submissa, em posição secundária nas estruturas políticas e religiosas, e tendo de aceitar passivamente a poligamia, legalizada ou dissimulada e ainda vigente em muitos ambientes culturais de nosso planeta. Na chamada Idade Média, o predomínio do poder religioso como obstáculo quase intransponível à evolução e progresso científico e tecnológico, contra o qual vieram as reações que propiciaram o nascimento do materialismo atual, dominando praticamente todas as atividades humanas em seu sentido prático e objetivo. É o contínuo incentivo às posses, ao consumo, ao culto ao corpo físico, ao prolongamento da vida e da juventude, e à busca do prazer. Mas, tudo isso, em detrimento das responsabilidades e compromissos decorrentes e dos valores éticos e morais capazes de manter a harmonia nos relacionamentos humanos. Esquecidos e despreocupados com a imortalidade do espírito, agora perderam o sentido da vida e se debatem em seus conflitos, inconformados com tudo, com todos os problemas que fizeram por merecer e necessitar enfrentar na presente existência, inclusive, nos aspectos da sexualidade que escolheram para a presente experiência de vida terrena.

– De fato – comentou Gustavo –, temos assistido várias palestras aqui no Centro e na internet sobre este período de transição que a Terra está passando, de mundo de provas e expiações, para mundo de regeneração. Mas, o que a gente observa e nos torna mais apreensivos, é exatamente o contrário. A cada dia os problemas e distorções de comportamento parecem mais degradantes e numerosos. Alguma segurança, só mesmo nos trancando dentro de casa e assim mesmo, sempre em guarda quanto ao que possa acontecer de pior.

– É que sempre temos pressa, Gustavo, e queremos as mudanças para melhor ainda em nosso tempo – comentei. – Coletivamente, em especial, as coisas não são dessa forma e nesse período crítico das mudanças as ansiedades aumentam devido a tudo o que vemos de errado acontecendo e sendo divulgado exaustivamente pela imprensa mercantilista.

A essa altura da conversa percebi a presença de um grupo de espíritos no ambiente: um jovem com expressão de ansiedade e preocupação, acompanhado de um casal, irradiando serenidade e simpatia com Amanda e Gustavo, e mais meu velho amigo espiritual Laurindo. E foi como se tivesse recebido em curtíssimo período de tempo as explicações e orientações quanto à situação do momento. O jovem estava em processo de preparação para a sua reencarnação e a influência de Amanda aconselhando sua filha primogênita poderia ajudar para que tudo ocorresse em um ambiente favorável e em tempo oportuno.

– O problema, Amanda, é que o materialismo e imediatismo reinante na sociedade vem sufocando a grandiosidade e beleza, bem como, a importância e responsabilidade inseridas no processo da reprodução humana. As pessoas, nesse ambiente tão poluído mental e espiritualmente, permanecem na ignorância do que realmente significa o exercício da paternidade e da maternidade em suas vidas ao longo das inúmeras reencarnações pelas quais todos nós já passamos e das que ainda teremos de necessariamente enfrentar. E, também, na ignorância de como as reencarnações se processam, em meio às nossas necessidades, merecimentos e influências espirituais, sempre presentes e atuantes, mesmo sem que nos apercebamos do que esteja acontecendo.

Depois de uma pausa meditativa, percebi a expectativa do casal à espera de alguma orientação e prossegui:

– Creio que entendi a preocupação de vocês e vou fazer algumas sugestões que provavelmente poderão contribuir para a concretização do que idealizam. Em primeiro lugar, inscrevê-los para um tratamento espiritual para que recebam as intuições da espiritualidade de maneira a agirem discretamente no que pretendem, ou seja, falando sem rodeios, para que os futuros netos sejam bem encaminhados... Em complemento, seria bom a leitura de dois livros: "Nossos Filhos são Espíritos", de Hermínio C. Miranda, excelente para entendermos as nuances e particularidades dos que chegam para a vida terrena por nosso intermédio; e "Missionários da Luz", do espírito André Luiz, psicografia de Francisco Cândido Xavier, em especial, o capítulo 9 – "Reencarnação". É onde poderão se conscientizar da complexidade do processo reencarnatório, com a possibilidade, inclusive, da participação, orientação e ajuda de um grande número de espíritos. O simples fato de terem vindo aqui hoje para conversarmos, por exemplo, deve ter sido por alguma razão...

– Como assim? – perguntou Amanda.

– Que algum futuro neto ou neta, já possa estar rondando a família e precisando de algum empurrãozinho de vocês para facilitar as coisas...

– E como vamos ajudar? Nossos filhos já até reclamam quando falamos em netos – emendou Amanda.

– Do tratamento espiritual e do estudo dos livros que indiquei virão as inspirações. Deixem esses livros à mostra para despertar a curiosidade. Irão questionar, se divertindo com seus "estudos", mas também vão dar oportunidade para que conversem sobre o assunto. Não insistindo quanto ao desejo da vinda de netos, mas de como o processo se desenvolve. E não se preocupe. Com discrição e confiança na ajuda da espiritualidade, no momento certo receberão as inspirações para os argumentos e explicações que sejam mais convenientes. Tenham a certeza que, lá do outro lado, deve haver muitos outros familiares e amigos querendo o mesmo que vocês. Lendo aquele capítulo que lhe indiquei do livro "Missionários da Luz", você vai entender porque estou lhe dizendo isso.

*****

Foi somente depois de passados vários meses que Amanda voltou a me dar notícias de sua filha mais velha, que motivara aquela conversa conosco. Tinha conseguido trazê-la em busca de apoio espiritual para os problemas que enfrentava, entre os quais, engravidar e havia conversado com outra atendente da Casa. Finalmente, havia se convencido de que já era tempo de aumentar a família.

E foi até intrigante, como um abrir das porteiras, como eu já havia observado em outros casos similares.

Os primeiros netos já vieram em duplicata e em pouco tempo chegaram os demais. Três anos depois já eram seis a fazerem suas peraltices na casa do assoberbado casal de avós...

15 – DEMOCRACIA?

Juliana era uma das mais ativas colaboradoras do Centro e participava como voluntária em quase todas as suas atividades, menos as mediúnicas. Apesar de assídua frequentadora há tanto tempo, ainda tinha medo de espíritos...

Dessa forma, com o tempo foi se transformando quase em um curinga capaz de atuar em qualquer dos demais setores em que houvesse necessidade de cobrir eventuais faltas de trabalhadores.

Outra característica de sua personalidade era seu interesse pela política e, nos momentos de maior efervescência nessa área, sempre achava algum jeito de me questionar sobre os assuntos mais polêmicos.

E foi o que aconteceu em uma tarde mais tranquila, quando já estávamos para fechar as portas do Centro.

– E então seu Anselmo! Está com muita pressa hoje ou tem ainda algum tempo para conversarmos?

– Tudo tranquilo, Juliana! Com o que está se preocupando tanto?

– Apenas trocar ideias sobre o momento que estamos vivendo cá no nosso querido Brasil. Mas, não se preocupe, será rápido.

– Tudo bem! Vamos lá para a minha saleta preferida.

– Não se importa – perguntou Juliana que eu chame o Arlindo? Ele também gostaria de participar. Estávamos dialogando ainda há pouco...

– Vamos lá ver o que vocês estão me aprontando...

Arlindo era outro frequentador da Casa, caminhando

para a terceira idade, mas ainda bastante animado. De vez em quando, inclusive, era preciso diplomaticamente frear um pouco seus arroubos nas discussões que provocava. Entretanto, acatava rápido e sem melindres as recomendações, quando percebia que estava sendo inconveniente abordando assuntos não condizentes com a natureza das atividades de um Centro Espírita.

E ao nos acomodarmos ele foi o primeiro a se manifestar.

– Pois é, seu Anselmo! Estamos preocupados com a situação que estamos vivendo. Pelo andar da carruagem, estamos caminhando para a chamada ditadura do proletariado e adeus Democracia! Em outros países que seguiram a mesma cartilha, agora até as igrejas estão sendo proibidas de funcionar! Não dá para entender o que está acontecendo. Agora até o Papa está recebendo e abençoando ditadores comunistas, notoriamente apoiadores de narcotraficantes!

– Tempos de transição, Arlindo. E você já deve ter assistido muitas palestras aqui nesta Casa abordando este assunto. Se tivermos de passar por tal situação, e não sei por quanto tempo, será porque, de alguma forma, coletivamente necessitamos. É o mesmo quando ocorrem as guerras, com dores e sofrimentos inenarráveis. E, como espíritas, o nosso papel será sempre de colaborar ao máximo para aliviá-los no limite de nossas forças, caso a situação se complique.

– Mas – interveio Juliana –, nossa preocupação é que não podemos ser omissos. Precisamos encontrar meios que impeçam a concretização dessa ditadura que se avizinha...

– Não precisam ser omissos – retruquei. – Mas, devem atuar dentro dos princípios que a doutrina espírita recomenda, sem ódios, sem violência, e sim, com paciência, inteligência, tolerância, fraternidade e caridade, inclusive com quem nos prejudica.

– O problema – aparteou Arlindo – é que isso não funciona, seu Anselmo. Sem o uso da força necessária, jamais impediremos que os planos dessa gente se concretizem.

– É que temos pressa, Arlindo! Queremos tudo para hoje, para o nosso tempo. E as coisas, do ponto de vista coletivo, não são dessa forma. Jesus, a seu tempo, foi um verdadeiro revolucionário com o Seu Evangelho, mas no sentido de mudanças de comportamento, na medida em que os homens fossem interpretando corretamente seus ensinamentos, bem como, aplicando-os efetivamente em suas vidas. Mas, Sua Obra, Seu Objetivo, que é a renovação moral da humanidade inteira, ainda está há dois mil anos lentamente se processando. Em nosso País, chegamos à situação crítica de agora porque nossa Democracia está cheia de falhas e precisa ser aperfeiçoada para realmente alcançarmos o que tanto idealizamos. E, tudo, com base em um princípio muito simples: competência e honestidade, tanto com os escolhidos, como com os que escolhem. E temos escolhido tão mal que, agora, os maus que elegemos acabaram montando um verdadeiro sistema de autoproteção e de obstáculos para a eleição de homens de bem.

– E como vamos ficar nisso – questionou Arlindo – se estamos a ponto de sermos impedidos de nos manifestar até mesmo no campo da religiosidade?

– Se ficarmos impossibilitados de manifestar e divulgar cada vez mais os ensinamentos da Doutrina Espírita, o que tenho confiança que não haverá de ocorrer, será o mesmo que nos primórdios da expansão do cristianismo. Mesmo sob repressão, haveremos de encontrar meios de superar os obstáculos que venham a nos impor, mantendo viva e cada vez mais forte a fé raciocinada e atuando no sentido de minorar as dificuldades e sofrimentos de nossos irmãos na humanidade. E, na medida do possível, com base nos ensinamentos que adotamos, vamos usar nossa inteligência e criatividade para disseminar ideias que possam ser adotadas no sentido das correções e aperfeiçoamentos que precisam ser introduzidos em nossos conceitos em torno da Democracia até atingirmos aquela que seja a ideal e que realmente funcione a contento.

Arlindo, o mais inconformado com a situação, ficou a tamborilar com os dedos, sem se convencer, até retrucar depois de um suspiro de desalento:

– É, seu Anselmo, tenho o pressentimento de complicações muito graves mais à frente. É cheiro de guerra! Mas, no campo das ideias, tem sugestões para compartilhar conosco?

– Quanto ao cheiro de guerra, rezemos para que encontremos soluções por outros meios. Quanto a sugestões, já mencionei as condições essenciais: honestidade e competência, tanto para candidatos, como para os eleitores. Mas, na literatura espírita, ao contrário do que muitos imaginam, encontramos inúmeras mensagens abordando temas políticos e nos orientando no rumo das ideias que devem ser defendidas. Vou pegar lá na Biblioteca o livro "Luzes do Alvorecer", psicografado por Divaldo Pereira Franco...

Pouco depois, voltei já como o livro aberto na página que procurava e prossegui:

– É uma mensagem sobre a Democracia, de Joaquim

Nabuco, e vou ler apenas alguns trechos:

"No célebre tratado Politiká, Aristóteles, estudando as diferentes formas de governo nos Estados gregos, afirma que poderiam ser classificados em três distintos grupos, a saber: Monarquia, Aristocracia e Democracia, sendo que, esta última quando degenera, faculta o surgimento dos fenômenos da tirania, da oligarquia e da demagogia."

– Note, Arlindo, a frase: *a Democracia quando degenera faculta o surgimento da tirania, da oligarquia e da demagogia...*

– E é o que vem ocorrendo, seu Anselmo!
– Lembre-se da oração do Pai Nosso: "... seja feita a Vossa Vontade...". Absolutamente nada acontece sem a Permissão Divina e sem algum propósito que contribua para a nossa evolução e progresso intelectual e moral. Seja do ponto de vista individual ou coletivo, somos todos filhos de Deus, submetidos aos Seus Infinitos Atributos de Amor, Sabedoria e Justiça. Tenhamos confiança nEle e façamos sempre o melhor que esteja ao nosso alcance, adotando e praticando os ensinamentos de Jesus. Mas, vamos em frente com a nossa leitura:

A Política, desse modo, é a ciência e a arte através das quais se governam os homens de forma legítima, regulando as relações que se estabelecem entre os mesmos.

...

Essa ciência e arte, no entanto, ainda não encontrou o devido respeito por grande parte daqueles que se ali-

mentam da sua estrutura – alguns políticos – que se embrenham pelos complexos caminhos da governança de povos e nações que estertoram sob o seu jugo inclemente.

Pode-se então considerar uma política trabalhada pelos valores éticos e culturais da criatura humana e outra que decorre da astúcia e dos interesses subalternos de alguns indivíduos inescrupulosos que a denigrem, utilizando-se de hábil maniqueísmo para defraudar os valores que dignificam a sociedade, ascendendo aos postos de destaque e de mando a que aspiram, e os alcançam pisoteando as vítimas que lhes tombam nas armadilhas bem urdidas.

....

A Democracia paira soberana acima das paixões dos grupelhos e dos partidos, sendo o método de governo através do qual o povo é-lhe a alma. Um povo, porém, esclarecido, que pensa e tem dignidade para eleger, sem a hipnose da multimídia contemporânea, que o poder maneja a serviço da própria promoção e os ricos de um momento elaboram para a ampliação das fortunas que já possuem.

Passo a passo, lento, por certo, o processo de liberdade humana já se apresenta e se podem conhecer os deslizes e as torpezas antes ocultados, por serem praticados pelos poderosos e governantes truculentos, facultando se possa aspirar por momentos menos penosos e por dirigentes mais lúcidos e mais honestos.

A Democracia vencerá, porque foi vivida em toda a sua grandeza, quando Jesus, o Democrata por excelência, instalou na Terra o reino dos céus, concedendo a todos direitos e deveres igualitários.

Convivendo com o povo, que amava, não desprezou os poderosos, os pusilânimes, a todos recebendo com a *mesma simpatia e misericórdia, auxiliando-os no crescimento pessoal e na solidariedade de uns para com os outros.*

A política democrática, que faculta dignidade humana e respeito à Vida, vencerá as barreiras deste milênio em crepúsculo, a fim de que o homem e a sociedade do futuro sejam realmente lúcidos, conscientes e responsáveis, facultando as conquistas libertadoras, nas áreas da cultura, da moral e da civilização.

– Notem, Arlindo e Juliana, que as manifestações da espiritualidade mais esclarecida são no sentido de colocar o exercício da verdadeira arte Política como uma atividade meritória e necessária. No entanto, infelizmente, apesar dos avanços que precisamos reconhecer, ainda é praticada de forma imperfeita e totalmente desvirtuada. Complementando, vejam mais esta mensagem intitulada "Visão e objetivo da Política", de José Maria da Silva Paranhos Júnior – o nosso Barão do Rio Branco –, recebida pela psicofonia de Divaldo Pereira Franco:

"O político é um homem que aprende a movimentar-se conforme o seu e o interesse do grupo ou do partido, não podendo olvidar-se da massa e do Estado que lhe confiam o dever de salvaguardar-lhes os interesses, de preservar-lhes os ideais e de melhorar-lhes as condições de vida.

Somente quando o político esteja consciente da sua qualidade humana, iluminado por objetivos essenciais que o levem à renúncia, à superação dos interesses pessoais apaixonados, é que se desincumbirá dos vícios partidários em favor dos objetivos a que se entrega.

Falta claridade no discernimento da consciência

política, que caracteriza a condição de inferioridade da Terra e o primarismo daqueles que a habitam. O progresso, porém, é inestancável. Geometricamente ele produz resultados crescentes e trabalhado nas conquistas dos valores que se multiplicam por si mesmos, fomenta a superação do pequeno cosmo dos interesses pessoais no afã enobrecido de construir a felicidade para todos.

Esse desafio se inicia na construção moral do homem saudável.

O homem ideal, não é o de Hegel, nem o de Marx, mas o de Cristo, portador do amor afável, ressuscitado no de Allan Kardec, conhecedor da sua imortalidade, das finalidades existenciais.

Este, ao invés de falar sobre o Evangelho da política, trabalhará pela política do Evangelho, dando-lhe estrutura nobre e consolidando os magnos ideais da Humanidade, que podem ser sintetizados na consciência do dever, na responsabilidade do ser e na produção do amar, como elementos essenciais para um mundo melhor.

Não está longe esse dia, que surgirá da grande noite, como a planta esquecida na semente arrebenta o solo e agiganta-se, assim também a política do pensamento do Cristo pairará soberana sobre as Nações, ensinando o respeito, a fraternidade, a liberdade, a justiça equânime e a igualdade de todos os homens perante a Lei, na desincumbência dos seus deveres, fruindo os direitos de ser feliz, que a todos será concedido."

— Deu para entender os aspectos principais contidos nestas duas mensagens? A Política tal como geralmente é praticada na atualidade, apenas reflete a inferioridade e o primarismo em que ainda nos debatemos. E aí está o grande objetivo da Doutrina Espírita: promover a renovação moral da humanidade através da melhor compreensão, com base na lógica, coerência e racionalidade contidas nos ensinamentos cristãos. E isso já vem ocorrendo, embora, de forma lenta frente às nossas ansiedades.

Seguiram-se alguns instantes de silêncio, dando para notar o desalento e inconformismo da dupla. O que queriam ouvir eram palavras que justificassem ações mais efetivas, capazes de rapidamente reverter o que se presumia como uma tendência inaceitável a um regime de governança ditatorial e comunista no País.

– É, seu Anselmo – retrucou Arlindo suspirando desanimado. – Tempos difíceis estão chegando...

– Trabalho pela frente, Arlindo. Se vierem tempos difíceis teremos que manter bom ânimo e disposição para suportar e ajudar os que vierem a ser atingidos pelos problemas. Por piores que sejam, dificilmente chegarão perto daqueles suportados pelos cristãos nas arenas romanas. Vamos raciocinar um pouco com o que já conseguimos entender dos esclarecimentos da Doutrina Espírita e com o que nos vem sendo informado nas últimas mensagens recebidas da espiritualidade a respeito da transição planetária. O ser em evolução depois de atingir um nível adequado de racionalidade, já na condição humana, ainda passa um largo período deixando-se dominar pelos instintos mais primitivos, exacerbando-lhe o egoísmo, o orgulho e a vaidade. E isso resulta nos inumeráveis conflitos em que ainda nos debatemos, individual ou coletivamente. No entanto, é exatamente essa condição de estar constantemente a enfrentar situações problemáticas, difíceis, dolorosas ou, mesmo, cruéis, que o leva a estimular cada vez mais sua inteligência de maneira a encontrar as soluções que idealiza. E é em meio a esse clima, ao sofrer na própria pele o que lhe machuca ou desagrada, pelos mecanismos da ação e reação, que ele próprio desencadeia ao longo de muitas reencarnações, que acaba conseguindo distinguir as diferenças entre o bem e o mal, para si mesmo ou para aqueles com os quais se relaciona. E, ao não encontrar no mundo material solução a muitos de seus problemas, começa a perceber e avançar nos conhecimentos sobre sua espiritualidade, desaguando nas inumeráveis religiões, crenças ou filosofias tentando direcioná-lo para mudanças comportamentais capazes de libertá-lo das amarras da ignorância.

– E o Espiritismo – prossegui –, podem ter certeza disso, veio para dar uma ajuda substancial a todas as demais correntes do pensamento humano, religiosas ou não, que tenham por objetivo mudar para melhor os padrões comportamentais adotados pela sociedade. E a maior parte da humanidade está pronta e ansiosa por isso. Entretanto ainda há uma parcela mínima, mas muito atuante, de indivíduos usando todos os meios possíveis em sentido contrário, ou seja, renitentes às mudanças morais, tentando fazer prevalecer a ignorância, vícios e imperfeições que teimam em manter, sem medir consequências para os que sofrem suas estúpidas ambições e desmandos.

Juliana, trocando olhares desanimados com Arlindo, aproveitou minha pausa, argumentando:

– Mesmo entendendo tudo isso, seu Anselmo, é difícil superar o inconformismo que nos domina. Este nosso querido Brasil, onde tanta gente sofrida de outros países tem sido recebida e agasalhada com carinho, poderia ser um verdadeiro Paraiso se tivéssemos bons governantes. E, agora, pelo andar da carruagem, fatalmente iremos para o fundo do poço à semelhança da desventurada Venezuela...

180

– Então, se isso acontecer mesmo, vamos trabalhar dobrado, dando nossa contribuição para suportarmos pacificamente, com resignação e bom ânimo as provas que vierem, porque delas precisamos. Mas, entendam isso – insistis –: a grande massa está madura, já no ponto para as mudanças que todos tanto queremos, mas há uma turma atrapalhando, criando confusão e sem querer sair das posições de mando. Gostaríamos todos de retirá-los de nosso convívio à força, com violência mesmo e rapidamente. No entanto isso só iria prolongar os problemas que estamos vivenciando há milênios. O que a espiritualidade nos informa e recomenda é que tenhamos paciência e tolerância. Essa parcela ainda maldosa da humanidade está tendo as últimas oportunidades de reencarnação entre nós. Kardec já nos alertou quanto a isso em "A Gênese", no Capítulo XVIII – "São chegados os tempos". Aos poucos, os mais refratários às mudanças de comportamento que se tornam necessárias, irão sendo retirados pela fatalidade da morte física e tendo cada vez mais dificuldades de reencarnação, inclusive, pela carência de sintonia com quem aceite recebe-los de volta neste mundo em transição, de provas e expiações, para de regeneração. É o que está acontecendo sem que consigamos perceber com clareza: espíritos mais evoluídos retornando para nos ajudar, enquanto outros estão partindo ao encontro dos que compartilham com a dureza de seus corações. Pois, somente em ambientes condizentes com a insensibilidade que carregam, poderão encontrar as lições educativas que fizeram por merecer e necessitar. E, mesmo assim, isso não será castigo, mas, sim, mais oportunidades para retornarem ao bom caminho...

– E é isso meus amigos! Paciência, tolerância e mãos à obra, ao trabalho, inclusive na área política, se assim lhes aprouver, mas sem violência e sem ódios. Confiança em Deus e em Jesus, com a certeza de que o Brasil será mesmo o Coração do Mundo e a Pátria do Evangelho!

– Meditem sobre as leituras que fizemos ainda há pouco: "... Jesus, o Democrata por excelência ..."; "... A política democrática que faculta dignidade humana e respeito a Vida, vencerá as barreiras deste milênio em crepúsculo, ..." E, para facilitar – completei encerrando a conversa –, leve este exemplar do "Luzes do Alvorecer", Arlindo, e na Biblioteca devem ter outros exemplares, Juliana. Nele vão encontrar várias e excelentes mensagens relacionadas com os problemas que estamos enfrentando atualmente. Façamos todos o que nos seja possível. O que estiver fora de nosso alcance, podem ter a certeza que nossos amigos da Espiritualidade Maior estão a cuidar, com as luzes e bençãos de Jesus e de Deus Pai!